김성신
서평가를 발굴하는 서평가.
2000년부터 출판평론가로 글을 쓰고 방송 활동을 시작했다.
서평 프로그램 『TV책방 북소리』(TBS)를 4년간 진행했고,
2003년부터 2024년까지 21년 6개월 동안 『라디오 매거진
위크앤드』(KBS1R)에 출연했다. 『조선일보』「재밌다, 이 책!」
코너에 7년 동안 서평을 연재하는 등 여러 분야에서 대한민국
출판계 대표 '마이크'로 활동 중이다.
25년 넘게 서평은 물론 방송과 강연까지 넘나들며 새로운
독서 문화를 만들고 후배·제자 서평가를 꾸준히 발굴했다.
2019년에는 '비평연대'를 창립하고 20대 젊은 출판인과
문화예술인 20여 명을 서평가 및 문화비평가로 양성하며
이들이 긴밀하게 소통하도록 네트워크를 만들었다. 그 덕에
현재 국내 서평가의 8할은 서로를 지지하고 격려하는
친밀한 관계다.
한양대학교 창의융합교육원 겸임교수, 사단법인
출판도시문화재단 이사, 재단법인 파주문화재단 이사로
활동 중이다.

서평가 되는 법

ⓒ 김성신 2025
이 책은 저작권법에 의해 보호받는 저작물이므로
무단전재와 복제를 금합니다.
이 책 내용의 전부 또는 일부를 이용하려면
저작권자와 도서출판 유유의 서면동의를 얻어야 합니다.

서평가 되는 법

읽고 쓰는 사람으로 책 세계를 만끽하기 위하여

김성신 지음

유유

추천의 말

서평가가 되는 방법은 없다. 서평가가 되기 위해 자격증을 따야 하는 것도, 정해진 프로그램을 이수해야 하는 것도 아니다. 그럼에도 세상의 도처에서는 서평가가 탄생한다. 그 마법 같은 일에 관하여 알고 싶으면 이 책을 읽어야 한다. 『서평가 되는 법』은 책에 대한 사랑 하나로 어떻게 코미디언, 호텔 주방장, 탈북민, 화가 그리고 평범한 대학생과 주부 등 전혀 다른 경로로 살아온 사람들이 서평가가 되는지를 그려 낸다. 놀라운 건 그 서평가들이 태어나는 모든 순간에 김성신이라는 인물이 곁에 있었다는 사실이다. 그는 마치 신화 속 길잡이처럼, 버스킹하는 길거리 연주자를 데뷔시키는 프로듀서처럼 사람들을 '서평'의 세계로 초대한다. 그는 서평의 세계를 기획하고, 작가를 발견하며, 사람의 잠재력을 책이라는 매개로 끌어낸다. 당신이 책을 사랑하며 그 언저리를 맴도는 사람이라면, 누구든 김성신의 길 안내를 따라가 보길 권유한다. 책을 펼치는 순간, 당신은 서평가가 될 수밖에 없는 길 위에 이미 서 있을 것이다.

정지우(작가·변호사, 『사람을 남기는 사람』 저자)

오랫동안 나는 인간 김성신을 지켜보았다. 나는 그보다 더 책을 사랑하는 이를 본 적이 없다. 그가 서평을 쓰면 책의 온도가 독자에게 그대로 전달된다. 나는 그를 책과 인간을 잇는 '영혼의 전달자'라고 부른다. 그의 『서평가 되는 법』은 책을 읽고 글쓰기를 머뭇거리는 이들을 위한 책이다. "좋은 서평은 좋은 생각"이라는 한 줄의 문장은 그의 철학을 명확하게 드러낸다. 세상에 나쁜 책은 없다. 나쁜 생각이 있을 뿐이다. 책을 읽으면 자동으로 그 책에 관해 쓸 자격이 있다는 말은 유쾌하다. 지식을 장악한 이는 아무리 복잡하고 어려운 개념도 쉽게 설명하고 명쾌하게 전달한다. 서평가 김성신이 그렇다. 그가 사례로 든 서평가들은 각자 자기 방식으로 서평을 쓴다. 저마다 독자에게 다가가는 방식은 다르지만, 독서 파급

력이 상당하다. 서평은 형식보다 책에 대한 애정이 우선해야 한다. 읽는 자는 곧 쓰는 자다. 누구나 서평가가 될 수 있다. 그러나 이 책은 김성신이 아니면 쓸 수 없는 책이다. 그가 서평의 세계로 우리를 안내할 것이다.

김미옥(서평가, 『감으로 읽고 각으로 쓴다』 저자)

들어가는 말

누구나 서평가가 될 수 있다

서평가 되는 법? 간단하다. 책을 읽고 서평을 쓴 뒤 자신을 '서평가'라고 선언하면 된다. 끝!

출판사로부터 '서평가 되는 법'에 관한 책을 내자는 제안을 받고 몇 달을 고민했다. 서평가가 되려고 노력했던 초기 과정부터 쓸까? 아니면 내가 권유해 서평가가 된 이들의 활약상을 주로 쓸까? 그것도 아니면 현대 사회에서 서평가의 존재 이유, 사회적 역할, 미래의 가능성 같은 이야기를 써 볼까? 역사상 의미 있는 서평이나 서평가들을 쭉 한번 정리해 볼까?

책을 쓰려고 '서평가'라는 존재를 다시 들여다보고 있자니 30년 가까운 세월을 서평가라는 이름으로 살아온 나에게도 이 일의 수수께끼 같은 면모들이 보이기 시작했다. 우선 책도 사라진다는 판에 책을 읽고 평하는 일과 '서평가'라는 이름으로 그 일에 대한 전문성을 갖추는 것이 어떤 의미가 있을까? 왜 사람들은 자신의 SNS나 온라인 서점에 원고료 한 푼 안 나오는 서평을 자발적으로 써 올릴까? 서평이라는 활동을 통해 우리는 무엇을 얻을 수 있나?

책을 사이에 두면 안전하거든요

서평가가 되려는 이들이 많다. 인스타그램에 '서평' '책' '북스타그램' 등 책 관련 해시태그를 검색하면 수백만 개의 게시물이 뜬다. 대부분은 자신이 읽은 책에 관한 이야기다. 이런 것을 보면 현대인에게 독서는 오롯이 혼자 하는 고립된 행위가 아니라는 것을 알 수 있다. 읽은 책이 자신의 지적·문화적·예술적 정체성을 형성하는 것이기도 하면서 동시에 이를 표현하는 도구로도 쓰인다. 나아가 자신과 비슷한 생각 혹은 관심사, 수준을 가진 이들을 찾아내고 소통하는 수단으로 활용된다.

2024년 6월, 대학생 제자들과 서울국제도서전을 함께 관람했다. 그들은 출판전문가를 수행하며 도서전을 남다른 각도와 깊이에서 보고자 한다며 일찌감치 나의 도서전 방문 일정을 문의했고, 함께 관람한 이후 몇 번 더 방문했다고 한다. 주말에는 관람객이 엄청나게 몰려 입장하는 데만 두 시간이 걸렸다고 투덜대기도 했다. 그해 서울국제도서전은 이례적으로 큰 성황을 이루었으며, 관람객 가운데 젊은 여성 독자의 비율이 매우 높았다고 보도되었다. 배경에 뭔가 사회적 요인이 있을 듯했다. 호기심이 발동해 제자들에게 도서전의 매력이 무엇이냐고 물었다. 이 질문에 대한 답으로부터 아주 중요한 단서 하나를 얻었다.

"책을 사이에 두고 만나는 사람은 안전하거든요."

여성인 그들은 늘 안전에 대한 불안을 안고 산다고 했다. 여성을 향한 무차별 폭행, 데이트 폭력 등 끔찍한 사건이 심심치 않게 벌어지고 화장실조차 마음 편히 이용할 수 없는 상황을 언급했다. 늘 타인을 경계하며 신경을 곤두세우고 살아야 하니 삶이 고단하다. 그런데 책을 사이에 두고 형성된 관계는 비교적 안전하게 느껴진다고 했다. 책을 쓴 저자, 같은 책을 읽고 비슷한 감상을 느끼는 독자, 책을 만드는 사람…… 책을 둘러싼 이들은 대체로 선량하고 지성적이며 타인을 해칠 가능성이 적다고 느낀다는 것이다. 흥미로웠다. 그들에겐 책이 일종의 '필터'였다. 안전한 관계, 지적 네트워크와 소통, 생산적이고 유익한 커뮤니티. 책에 새로운 기능이 하나 더 추가되었다는 생각이 들었다. 이 놀라운 이야기를 들려준 한양대 'bookworms' 박보경과 황수현에게 감사를 전한다.

누구나 서평가가 될 수 있지만
아무나 되어서는 안 된다

서평이라는 형식의 글에는 사람들이 잘 모르는 묘한 특징이 있다. 아무도 글 쓴 사람의 자격을 묻지 않는다는 점이다. 자신이 읽은 책의 내용을 정리하거나 의미를 해석함으로써 그 책을 타인에게 권하는 용도의 글. 이게 서평이다. 책을 읽으면 자동으로 그 책에 관해 쓸 자격이 생긴다. 만약 에세이를 쓴다면 자신의 사유가 얼마나 깊고 특별한지, 자신이 얼마나 글을 잘 쓰며 어떤 남다른 경험을 했는지 등 자기 글의 존재 가치를 어떤 식으로든 입증해야 한다. 그래야 독자가 마음을 연다. 반면 서평은 "내가 어떤 책을 읽었는데" 하고 운을 떼기만 하면 된다. 특별한 형식이나 까다로운 구성도 필요 없다. 책에 대한 것이라면 무엇이든 어떤 형식으로든 자유롭게 쓸 수 있다.

서평가 자격증 같은 게 있는 것도 아니어서 누구나 자신을 서평가로 칭할 수 있지만, 서평가로 세간의 인정을 받으며 의미 있는 활동을 하려면 한 가지 명심해야 할 것이 있다. 바로 공공성이다.

출판은 영어로 '퍼블리싱'publishing이다. 'publish'는 라틴어 'publicare'에서 유래했다. 이는 '공개하다'라는 의미로, 14세기 후반부터 '책 등을 대중에게 발행하고 판매하거나 배포하다'는 뜻으로 주로 사용되었다. 명칭에서부터 '공공성'이라는 출판의 본질이 드러난다. 즉 책은 '공공성 있는 것'으로 만드는 것이다. 그렇다면 서평가란 어떤 존재인가? 공공성의 상징물과도 같은 '책'을 평가함으로써 여러 사람의 판단에 영향을 주는 사람이다. 그러니 서평가가 되고 싶다면 '공공성'이란 단어만은 절대 잊지 말아야 한다.

자본주의 사회에서 책은 사고 파는 상품이기도 하다. 그래서 우리는 종종 책의 본질인 공공성을 잊는다. 간혹 책이라는 상품을 많이 팔리게 하려는 의도로 쓰인 글이 있다. 그런 글은 판촉이나 마케팅이지 서평이 아니다. 서평은 광고나 홍보가 될 수 없기 때문이다. 그런 목적으로 쓰였다면 그 글은 이미 서평이 아니며 '서평 모양의 광고'일 뿐이다.

　사회의 공공재인 책을 평가하는 일인 만큼 서평은 공공성을 유지해야 한다. 이 점을 잊으면 서평가 자격은 없다. 서평가의 기준을 정하거나 서평을 평가하는 이는 없을지 몰라도 결국 독자는 안다. 독자는 집단 지성이다. 일부를 잠시 속일 수 있을지는 몰라도 모두를 영원히 속일 수는 없다. 독자는 공공성을 담보하지 않은 홍보 브로커나 서평형 광고 대행사를 서평가로 인정하지 않는다.

　누구나 서평가가 될 수 있지만 아무나 되어서는 안 된다. 나 역시 서평가가 가급적 많아지기를 바라지만 서평가로서 자격 미달인 자들이 그 자리를 채우길 바라진 않는다. 전문 서평가가 되고 싶다면 이 점 하나만은 명심하자. 좋은 글은 좋은 '표현'이기보다는 좋은 '생각'이다. 마찬가지로 좋은 서평 역시 현란한 수사로 쓰는 것이 아니다. 책에 대한 사랑과 무엇보다 공공성에 대한 엄격한 자기 검증이 뒷받침 되어야 한다. 무엇인가 되고 싶다면 그 일의 본질을 이해해야 한다. 서평의 본질은 바로 사랑과 공공성이다.

서평이라는 의외의 브랜딩 전략

자신이 특정 분야의 경험 많은 전문가이거나 어떤 분야에 특별한 애정을 가져 누구보다 관련 지식이 많은 사람이라고 해 보자. 그런 자신의 정체성을 세상에 알리고 싶다면 어떻게 하면 좋을까? 아마도 그 분야의 책을 집필하는 것이 가장 효과적일 것이다. 그런데 책 한 권을 쓰는 데는 꽤 많은 시간과 공력이 든다. 이때 서평은 집필 이선 단계에서 전문가로서의 브랜딩 전략을 펼치는 데 매우 유용한 형식이다.

특정 분야의 책을 모아 소개하면 전문가 이미지를 강화할 수 있다. 가령 서평을 통해 다양한 역사책을 소개하면 역사 전문가나 대중성을 갖춘 역사학자로서의 면모를 효과적으로 알릴 수 있다. 다양한 분야의 책을 읽고 서평으로 소개하면서 자신의 특별한 정체성을 일관되게 드러내는 것으로도 전문가로서의 사회적 위상을 만들 수 있다.

북한에서 소설가로 활동하다가 탈북한 분에게 서평 쓰기를 제안한 적이 있다. 「북한 작가 김주성의 남한에서 책 읽기」라는 타이틀로 일간지에서 약 3년 동안 연재하고, 연재 글을 모아 『한국이 낯설어질 때 서점에 갑니다』라는 제목의 책으로 펴냈다. 이 과정을 통해 평범한 탈북인이었던 저자는 '탈북 지식인'이라는 사회적 위상을 만드는 데 성공했다. 서평 연재와 저술 활동을 통해 자신의 지성을 입증함으로써 이후 방송과 언론을 통해 활발하게 활동할 수 있었고 사회적 위상도 강화되었다. 서평이 가진 의외의 위력이다.

서평의 독자는 어디에 있는가

서평가는 블로그나 SNS를 통해서도 얼마든지 독자를 만들 수 있다. 특정 매체로부터 청탁을 받아 고료까지 받으며 연재·기고할 수 있으면 좋겠지만 요즘에는 그런 것이 꼭 필요하지 않다. 레거시 미디어나 언론보다 페이스북·인스타그램·유튜브 그리고 숏폼 콘텐츠를 제공하는 다양한 SNS 플랫폼이 오히려 영향력이 더 크다.

'김미옥 현상'이라는 단어가 등장할 정도로 출판계에 큰 화제를 일으킨 서평가 김미옥의 등장이 대표적인 사례다. 공무원 출신인 그는 정년퇴직한 2019년부터 자신의 페이스북 계정에 서평을 올렸다. 그리고 불과 3년 만에 엄청난 영향력을 가진 서평가가 되었다. 그가 언급한 책이 '역주행 베스트셀러'가 되기도 하고, 그간 알려

지지 않았던 저자가 주목받기도 했다. 팬덤을 가진 서평가는 아마 그가 우리나라 최초가 아닐까 싶다. 그를 지지하는 작가와 작가 지망생·독자의 수가 실로 어마어마하다. 2024년에 저서 두 권을 펴내면서 북토크와 강연 등을 통해 독자를 만나기 시작하자 놀라울 정도의 반응이 일어났다. 출간 기념 강연회에서는 300석이 넘는 좌석을 채웠다. 거의 매일 포스팅되다시피 하는 그의 서평에는 순식간에 수백에서 천이 넘는 사람들이 '좋아요'를 누른다. 책 구매도 뒤따른다. 저자나 출판사로서는 그의 등장이 가뭄의 단비처럼 반가울 수밖에 없다.

독자가 줄어도 서평 독자는 는다

책 읽는 사람은 계속 줄어든다는데 서평은 많아지고 서평 인플루언서가 등장하기도 하는 등 서평의 위력은 날로 커진다. 대체 이런 현상을 어떻게 해석할 수 있을까?

    인터넷이 등장했을 때 우리는 정보와 지식 분야에 혁명적 진화가 일어날 것이라 예상했다. 인류에게 문명사적 도약이 일어날 것이란 기대도 있었다. 물론 인터넷으로 인한 여러 가지 일상의 변화가 생기기는 했지만 기대했던 것만큼은 아니다.

우선 인터넷 등장 이전보다 사람들이 훨씬 더 똑똑해졌는가? 전혀 그렇지 않다. 모두가 엄청난 양의 지식과 정보를 손에 들고 다니는데도 서로 나누는 대화는 인터넷 시대 이전보다 지적으로 더 앙상해진 듯하다. 왜 우리의 기대는 빗나갔을까?

지나치게 많은 것은 없는 것과 같다. 지식과 정보가 지나치게 많아지다 보니 가치를 가늠하고 선별하는 일이 너무 어려운 일이 되었다. 잘 모르는 지역에서 맛집을 찾는다고 가정해 보자. 스마트폰으로 그 지역명과 맛집을 키워드로 검색하면 순식간에 수백 수천 개의 음식점이 등장한다. 검색이 빠르면 뭐하겠는가. 수많은 식당 정보를 놓고 엄청나게 많은 분량의 문자를 읽거나 영상을 보면서 정보의 가치를 일일이 선별해야 하는 작업이 남아 있는데. 게다가 요즘 검색되는 맛집 정보 중 대부분은 업체가 돈을 주고 제작한 광고다. 광고임을 밝히는 것도 있지만 광고처럼 보이지 않게 만든 것이 더 많다. 이렇게 인터넷 검색을 하다 보면 오염된 정보를 걸러내는 데 너무 많은 시간을 낭비한다. 검색은 정보를 빠르게 나열해 주기는 하지만 맛집을 찾겠다는 목적을 달성하기에는 오히려 비효율적인 도구다. 차라리 그 지역에 사는 지인에게 전화를 걸어서 "거기 맛있는 집이 어디냐"고 묻는 게 훨씬 효율적이다. 냉장고 같은 전자 제품을 선택할 때도 비슷하다. 브랜드·디자인·출시연도·에너지 효율·A/S·사용 후기까지 꼼꼼하게 다 비교하고 결정할 수 있으면 좋겠지만 그러다가는 몇 달이 걸릴지도 모른다. 각 사양을 비교하는 데 걸리는 시간 동안 다른 생산적인 일을 하면 얼마의 소득을 올릴 수 있을까. 다시 말해 기회비용을 생각하면 그런 식의 꼼꼼함은 시간 낭비일 뿐이다. 그냥 가전 전문 매장에 가서 믿음직스러워 보이는 판매 사원에게 "요즘 냉장고 중에 잘나가는 게 어떤 거예요?" 하고 물어봐서 구입하는 것이 훨씬 효율적이다. 인터넷 최저가보다 몇만 원 더 비싸더라도 말이다.

책도 그렇다. 온라인 서점을 통한 구매가 일반화되면서 책의 발견성은 약화되었다. 책에 대한 정보를 충분히 가지고 있다면 온라인 서점에서 책을 구입하는 것이 여러 측면에서 유리할 수 있다. 문제는 연간 7만 종 이상 쏟아져 나오는 책 중에서 어떤 책이 나에게 꼭 필요한 책인지 알 방법이 별로 없다는 것이다.

인터넷 시대 이전에는 종이 신문이 책의 존재를 알리는 데 큰 역할을 했다. 대부분의 일간지가 주당 최소한 면을 책 소개 기사에 할애했다. 종이 신문을 읽는 사람이 드물어진 요즘에는 포털 사이트에서 세분된 항목을 따라 여러 번의 클릭을 거쳐 아주 구석까지 들어가야만 책 관련 기사가 모인 곳을 찾을 수 있다. 책 관련 기사는 선정성이 없어서 인기 있는 뉴스가 아니기 때문에 포털 사이트 초기 화면에 뜨는 경우가 거의 없다. 새로 나온 책의 출간을 알릴 효과적인 방법이 사실상 없는 것이다. 이렇게 책을 세상에 알릴 통로로서 신문이 기능을 잃으면서 마치 천칭처럼 서평가의 역할이 중요해지기 시작했다.

60대에 과로사를 걱정하는 서평가

나는 2000년부터 '출판평론가'로 불리기 시작했다. 그해 10월부터 KBS라디오에 고정 출연하게 되었는데 직함이 마땅치 않았다. 운영하던 회사명을 가져와서 '서울출판정보 대표'라고 할까 망설이고 있는데 당시 담당 프로듀서가 '출판평론가'라는 타이틀을 권했다. 어차피 매주 라디오로 서평 방송을 하게 되었으니 평론가 아니냐면서 말이다. 그날부터 나는 출판평론가가 되었다. 등단 절차가 있는 분야도 아니고, 당시 그 명칭으로 활발하게 활동하던 분이 한기호 한국출판마케팅연구소 소장과고 김영수 서울출판컨설팅 대표, 두 분이었다. 얼떨결에 출판평론가가 되었고 누가 알아주거나 말거나 30대 중반부터 그 명칭으로 전문적인 서평가 활동을 시작했다.

하지만 서평가라는 직업으로 평생을 살 것이라고는 예상하지 못했다. 서평은 특정 회사 소속으로 하는 활동이 아니기에 직업 안정성이 없기 때문이다. 서평 일이 싫지는 않았지만 인터넷과 스마트폰이 보편화되면 책에 관한 정보 정도야 굳이 나에게 의지할 것 없을 것 같기도 했다. 그래서 서평 활동으로 쌓은 출판업계 내부의 신뢰를 바탕으로 저작권 기업을 창업해 볼 계획을 짰다.

이 예상은 빗나갔다. 40대에 들어서 서평가로서 요구받는 일이 점점 더 많아지더니, 급기야 50대는 내 인생에서 가장 바쁜 시기가 되었다. 60대는 아직 안 살아 봤으니 또 어찌 될지 모르겠지만 추세로 보면 과로사를 걱정해야 하는 것 아닌가 싶기도 하다.

우리에게는 더 많은 서평가가 필요하다

출판사는 신간이 나오면 각 언론사의 기자와 서평가에게 홍보용 도서를 발송한다. 서평가인 나에게는 일주일에 평균 50~60종의 책이 배송된다. 한 달이면 200여 권, 일 년이면 2500~3000여 권이다. 이렇게 책을 받은 지 20년이 넘었다. 연간 2천 권으로만 계산해도 그동안 무려 4만 권이 넘는 책을 출판사로부터 받았다. 권당 정가를 만원으로 계산하면 4억 원어치 이상의 책을 무상으로 얻은 셈이다. 집 안에 산처럼 쌓이는 책을 보면서 어느 날 심심풀이로 계산해 봤는데, 나온 금액을 보고 깜짝 놀랐다.

그때 생각했다. 귀한 책을 받고 이걸로 지식인입네 하며 내 잘난 척에나 써먹고 있는 것은 아닐까. 그건 너무 부도덕한 일인데. 나는 한국의 출판 산업에 도대체 어떤 기여를 하고 있나. 긴 시간을 돌아보면서 이런저런 궁리를 했고 생각 끝에 서평가 수를 늘려야겠다고 결심했다.

사실 20여 년 전부터 가까운 벗들을 살살 꼬드겨 서평가로 만든 경험이 이미 있었다. 출판 칼럼니스트로 현재 여러 언론의 지면을 통해 맹활약 중인 홍순철 BC저작권에이전시 대표에게 북칼럼의 길을 처음 권유한 것도 나였고, 『출판저널』 편집장이었던 장동석 씨가 잡지 폐간으로 진로를 고민할 때도 당시 내가 출연하던 라디오 방송 고정 패널 자리를 넘기면서 함께 서평가로 활동하자고 제안했다. 이후 코미디언 출신의 방송인 남정미 씨가 '웃기는 서평가'라는 이름으로 출판계에서 활동할 수 있도록 함께 책을 펴내기도 했고, 요리사 유재덕 씨·화가 천지수 씨·탈북인 소설가 김주성 씨·주부 김윤정 씨까지 다양한 분야의 전문가와 평범한 독자가 서평을 통해 독자를 만날 수 있도록 기획하고 뒤에서 나름 열심히 도왔다.

그러다 2018년부터는 20대 젊은 지성들을 서평가로 육성해야겠다고 결심했다. 대학에서 사제로 인연을 맺어 출판계 취업까지 주선한 제자들이 여럿 있다. 그중에서 1990년 이후에 태어난 이들에게 서평가 '겸업'을 제안했다. 출판사에서 일할 정도의 지적 수준과 책에 대한 애정이면 20대라고 해도 서평가라는 자격으로 대중 독자를 만나고 활동하는 데 전혀 문제가 없을 것이라 판단했다. 매체에 서평을 연재하며 경험만 쌓는다면 앞으로 더 성장할 것이라고도 생각했다. 오늘날 대세를 이루는 '숏폼 콘텐츠'에 대응해 '숏평'이라는 새로운 서평 형식을 고안하고, 언론사에 요청해 매주 서평을 게재할 수 있는 지면을 만들었다. 한 지면에 여러 서평가가 짧은 서평을 공동으로 연재하는 형태다. 그리고 이 젊은 서평가 육성 시스템에 '비평연대'라고 이름을 붙였다. 젊은 지성으로서 자부심을 느끼도록 하기 위함이었다. 여기에 내로라하는 비평가·작가·지식인 10명을 모아 이들을 후원하는 '비평연대 가디언즈'를 결성했다. 유연하고 느슨한 연대체이며 당연히 비영리 프로젝트다. 매년 참여 희망자가 이어지며 구성원 수는 계속 늘어나고 있다.

나는 이 일이야말로 내가 세상에 태어나서 한 일 중에 가장 잘한 일이라고 믿는다. 그만큼 가치 있는 일이고 큰 보람을 느낀다. 비평연대의 젊은 지성 모두가 이 작지만 의미 있는 경험을 통해서 지성계의 중추적인 역할을 하리라 믿기 때문이다.

여기까지 서평의 기능과 역할, 서평가의 존재 의미와 가능성을 다루며 이 책의 기획 의도와 취지를 총론의 성격으로 정리해 보았다. 이제 각론으로 들어가서 내가 직접 경험한 다양한 사례를 통해 훌륭한 서평가가 되는 법을 구체적으로 모색해 보자.

추천의 말 … 9

들어가는 말 – 누구나 서평가가 될 수 있다 … 13

1 웃기는 서평가라는 새로운 정체성 … 31
   코미디언 서평가 남정미

2 좋은 생각을 담는 서평이라는 그릇 … 45
   서평 쓰는 호텔 요리사 유재덕

3 서평 형식에 정답은 없다 … 57
   독후화 화가 천지수

4 서평은 지식인의 타이틀 … 63
   책 읽는 북한 작가 김주성

5 K-서평 유머의 무한한 가능성 … 79
   서평 만담꾼 박균호

6 독자도 언젠가는 서평가가 된다 … 89
   서평가로 데뷔한 명랑한 독자 김윤정

7   서평가가 팬덤을 만드는 방식 … 99
    '김미옥'이라는 현상

8   서평으로 양성한 1990년대생 지식인 연대 … 107
    비평연대 프로젝트

9   서평가의 미래와 미래의 서평가 … 125
    더 많은 서평가가 필요한 이유

+   주 … 146

{ 1 }
웃기는 서평가라는 새로운 정체성

코미디언 서평가 남정미

'책방 옆집 여자' 남정미는 코미디언이다. 한때 잘나갔다. 하지만 요즘 사람들은 대개 "누구더라?" 한다. "명품남녀의 주인공 그녀"라고 설명하면, "아하, 그 친구!"라고 한다. 최근 몇 해 동안 개그로 먹고 살지 않은 탓이다. 겨드랑이 털이라도 붙여야 하는 독한 여성 개그가 번성할 때 그녀는 그게 영 마뜩잖았단다. 그때부터 쥐가 풀 방구리를 드나들 듯이 책방을 드나들며 구텐베르크의 은하계를 방랑했다. 그러다 책으로도 세상을 웃길 수 있겠다는 참신 발랄한 생각을 하기에 이른다. 이제 그녀는 독한 코미디언보다 웃기는 서평가가 되기를 꿈꾸며 살고 있다.

'책방 옆집 여자의 남자'인 김성신은 서평가라는 희한한 직업으로 출판계와 방송국 언저리를 배회한다. 그렇게 먹고 산 지 올해로 14년째다. 날마다 대중에게 '독서교'를 전도하지만 실적은 극히 미비하다. 14년째 꾸준히 신도를 잃어 가고 있다. 그러던 어느 날 '책방 죽순이' 남정미를 만났다. 그리고 그녀에게서 책으로도 세상을 웃길 수 있다는 제법 근사한 아이디어를 얻었다. 『스포츠경향』이 새롭게 시도하는 카카오톡 서평 「북톡카톡」이다.

2014년 2월 13일 연재를 시작한 서평 칼럼 「남정미 김성신의 북톡카톡」의 도입부다. 칼럼의 취지와 특징을 간략히 정리했다. 이 짧은 글을 쓰는데 꼬박 한 달이 걸렸다. 세상에 없었던 새롭고 다른 형태의 서평을 설명하는, 짧고 명료한 문장을 위해 나는 끙끙 앓을 만큼 고심했다. 쓰고 지우고 다시 쓰기를 반복했다.

코미디언과 서평가는 어떻게 만났을까? 2013년에 나는 매주 한 TV 프로그램에 출연해 새로 나온 책을 소개했다. 방송 첫날 출연자 대기실에 들어갔는데 한 여성이 깜짝 놀랄 정도의 큰 목소리로 쉬지 않고 떠들고 있었다. 나로서는 생전 듣도 보도 못한 엄청난 텐션이었다. 코미디언 남정미. 몇 해 전 MBC 『개그야』라는 프로그램에서 '명품남녀'라는 코너로 큰 인기를 구가한 사람이었다. 그 코너 이후 한동안 코미디 프로그램에서는 그를 만날 수 없었는데, 알고 보니 코미디언에서 방송인으로 정체성을 바꾸는 중이었다. 그는 나와 함께하던 그 프로그램의 고정 패널로, 두 메인 진행자 옆에 앉아서 프로그램의 흥을 돋우는 역할이었다. 생방송이다 보니 방송에 들어가기 직전까지 분위기를 달구어야 했을 것이다. 이해는 했지만 시끄러워도 너무 시끄러웠다. 이명이 들리고 멀미가 날 지경이었다. 그렇게 몇 주가 지났을 때 대기실에서 그의 수다를 잠시라도 멈추고 싶어 들고 있던 책을 불쑥 그에게 내밀었다.

"이 책 정미 씨가 보면 좋을 것 같아서요. 선물이에요."

말은 그렇게 했지만 그 책은 그저 그날 내 손에 들려 있던 것일 뿐이었다. 갑자기 정적이 찾아왔다. 그는 책을 유심히 살폈다. 그날은 그렇게 넘어갔다.

다음 주 방송 날 그가 나에게 다가와 먼저 말을 걸었다. 지난주에 내가 준 책을 다 읽었는데 이런저런 내용을 담고 있었고 책의 메시지가 지금 자신의 상황과 삶의 과정에 매우 큰 도움이 되었다고 정말 감사하다고 했다.

내심 깜짝 놀랐다. 책을 선물했다는 사실조차 까먹고 있었고 수많은 사람에게 책을 선물했지만 이렇게 책의 내용까지 언급하면서 책 선물에 대한 인사를 구체적으로 한 사람은 처음이었기 때문이다. 감동한 나는 그날 손에 들고 있던 책을 또 선물했고, 그 다음 주에도 그는 한 주 전과 똑같이 책의 내용을 언급하면서 자신에게 어떤 도움이 되었는지까지 설명했다. 이 일을 통해 나는 그의 수다스러운 코미디언으로서의 면모 뒤에 독서를 즐기는 지성인의 모습이 숨겨져 있다는 것을 눈치챘다.

우리는 책 이야기를 나누며 친해졌다. 어느 날 그에게 코미디언으로 큰 인기를 얻었는데 왜 그 '기득권'을 내려놓고 방송인으로 백의종군하고 있는지 물었다. 그러자 그가 자신은 사실 안동 양반 가문의 규수라며 코미디언다운 유쾌한 입담으로 사연을 털어놓았다.

'명품남녀'로 큰 인기를 얻고 있던 당시 문득 개그의 수위가 날이 갈수록 독해지고 있다는 생각이 들었다고 했다. 여성 코미디언은 가슴이나 겨드랑이에 털을 붙이는 등의 분장을 해야 하는 경우가 점차 많아졌는데, 아무리 프로 정신으로 버티려고 해도 여성으로서 수치심을 느꼈단다. 그러던 어느 날 고향에 계신 어머께 전화를 걸어 진로를 의논했고 어머니께서는 가만히 듣고 계시다가 이렇게 말씀하셨다고 한다. "나는 그 아이들 (동료 여성 코미디언)이 그렇게 분장해서 나오는 것을 보니까 가슴이 아프더라." 그 말을 듣고는 코미디를 그만두고 방송인으로 새로운 시작을 결심했다고 했다.

그렇게 당시 우리 두 사람은 매주 같은 프로그램에 출연하며 책을 사이에 두고 다양한 대화를 나누었다. 출판과 코미디의 세계, 도무지 어울리지 않을 것 같은 세계에 대한 이해가 생겼다. 몇 달이 지났다. 8월 한여름이었다. 생방송을 마치고 가는 그를 길에서 붙잡고 말했다.

"정미 씨, 코미디를 꼭 방송에서만 해야 할 필요가 있나요? 책의 세상에서 웃기면 코미디의 새로운 영역이 열리는 거잖아요. 최초의 코미디언 서평가가 되면 어떨까요?"

말을 듣는 동안 그는 내 눈을 빤히 쳐다봤다. 잠시 침묵이 흘렀다. 이윽고 그가 입을 열었다.

"저 선생님 한 번 안아도 돼요?"

한여름 벌건 대낮에 대로 한복판이었다. 약간 난감한 표정으로 물었다.

"왜요?"

그러자 그가 말했다.

"선생님이 방금 제 인생을 바꾸셨거든요."

그날 이후 그는 서평가가 되려고 정말 열심히 책을 읽었다. 다른 서평가의 글을 찾아 읽기도 하고 글 쓰는 연습을 한다고도 했다. 사실 서평가가 되면 어떻겠냐는 제안은 했지만, 뭔가 계획이 있거나 그를 서평가로 만드는 방법까지 알고 있진 않았다. 그때까지만 해도 서평가는 어쩌다 우연히 책에 대한 글을 요청받아서 서평을 쓰다 보면 자연스럽게 얻게 되는 호칭이거나 자격이었기 때문이다. 정해진 등단 절차가 있는 것도 아니어서 선례로 따를 만한 사람이나 방식도 없었다.

나는 그제야 코미디언에게 어떻게 서평가의 역할을 덧입힐 수 있을지 구체적으로 고민하기 시작했다. 몇 달이 흘렀고 문득 아이디어가 떠올랐다. 둘이 동시에 책 한 권을 선정해서 읽고 그 책에 대한 대화를 그대로 글로 옮기면 가볍고 새로운 형태의 서평이 될 수도 있겠다는 생각이었다. 아내에게 이야기하니 그 대화를 카카오톡으로 나누면 좋겠다며 아이디어를 진척시켰다. 이 구상을 당시 『스포츠경향』 문화부장 엄민용 기자에게 제안했고, 그는 훌륭한 기획이라며 지면을 열어 주었다. 이렇게 시작한 「남정미 김성신의 북톡카톡」은 출판계에서 신선하다는 평가를 얻으며 연재를 이어 갔고, 이듬해 『북톡카톡』[1]이라는 책으로도 출간했다. 서평 연재와 책 출간 과정을 거쳐 남정미의 정체성은 '코미디언 출신의 방송인'에서 '웃기는 서평가' '코미디언 서평가'로 바뀌었다. 지금도 책에 관한 각종 행사의 단골 진행자로 또 문화예술기획자로 활발히 활동하고 있다.

이제 와서 고백하자면 「북톡카톡」 프로젝트는 당시 나에게도 꽤 커다란 모험이었다. 그 당시는 나도 10여 년 동안 서평가라는 타이틀로 활동해서 이제 막 인지도를 쌓기 시작한 무렵이었다. 그런데 무게감 있는 비평문 형식이 아니라 장난 같아 보이는 글을 서평이랍시고 지면에 발표하면 이후 출판계에서 내 평판이 어떻게 될지 가늠할 수가 없었다. 남정미에게 서평가가 되어 보라 제안하고 「북톡카톡」이라는 형식을 구상하고 연재 지면을 내어 줄 신문사를 섭외하는 과정까지 꼬박 6개월이 걸렸다. 그렇게 오랫동안 힘들게 추진해서 완성한 첫 원고를 신문사로 보내려는 순간 말 그대로 '현타'가 왔다.

'이 원고가 게재되고 나면 나로서도 돌아오지 못할 강을 건너는 게 아닐까?'

두려웠다. 메일 창의 보내기 버튼 위에 커서를 올려놓고 무려 두 시간이 넘도록 클릭하지 못하고 꼼짝도 하지 않은 채 멍하니 화면만 바라보았다.

"에라 모르겠다!"

결국 소리를 꽥 지르며 버튼을 눌렀다. 다음은 그렇게 보낸 「북톡카톡」 첫 연재 글이다. 함께 읽고 다른 책은 『우리는 차별에 찬성합니다』[2]였다. '들어 봤나? 수시충·지균충: 괴물 같은 20대 웃픈 현실'이라는 제목을 붙여 이렇게 썼다.

성신 슈퍼 울트라 미녀 개그우먼 남정미씨~~~~

정미 왜 그러성? 잘생긴 성신 샘!

성신 나 오늘 제자와 이야기 나누다 별 희한꼴랑한 이야기를 들었네.

정미 왜왜왜? 무슨 이야기?

성신 작년에 중소기업에 입사한 친구 하나가 그러더라고. 제 바로 위에 대리가 있는데, 너무 무능하다는 거야. 그런데 그 신세 한탄 끝에 '그 대리가 아무래도 지방대 출신이라 그렇게 무능하다'는 거야.

정미 뭐가 어쩌고 어째? 지방대? 지방대가 뭐 워때서! 왜 워때서!!! (아니아니~ 내가 지방대 나와서 이렇게 흥분하는 거 절대 아니야!)

성신 난 좀 놀라서 물었지. 너도 그렇게 썩 대단한 대학 나온 것도 아니면서 뭔 그런 소릴 하냐고 말이야.

정미 그랬더니 뭐래? 잘못을 뉘우치던가?

성신 무슨…… 그랬으면 놀랄 이야기도 아니지. 뒷얘기가 더 가관이야. 나보고 이러더라고. "선생님 그렇게 말씀하시면 정말 섭섭하지요. 저는 그래도 서울에 있는 대학 어렵게 들어가서 졸업했는데, 어떻게 사람 같지도 않은 지방대 출신 따위에게 저를 갖다 대세요?" 이러는 거 있지. 내 참.

정미 아주 고 녀석, 사람 같지도 않은 지방대 출신 따위의 나를 만나 180도 각도에서 날아가는 무하마드 알리 싸대기를 한번 맞아 봐야~ '아 지방고추가 맵구나' 할 건가 벼?

성신 푸핫~ 어쨌든 나는 너무 놀랐어. 왜냐하면 그 녀석이 대학 때 똑똑하고 예의도 반듯해서 내가 많이 예뻐했거든. 특별히 성격이 모나거나 삐뚤어진 친구가 아니었단 거지.

정미 역시 사람은 겉만 봐선 모르는 거야!

성신 그래서 물었지. "너만 그렇게 생각하는 거니 아니면 네 또래들이 다 그렇게 생각하는 거니?" 하고 말이야.

그랬더니 요즘 자기 또래는 대체로 그렇게 생각한다면서 심지어 어느 학교 출신이냐 정도가 문제가 아니라 같은 학교 내에서도 수능 점수 높은 학과는 낮은 학과 친구들과 말도 안 섞으려 한다는 거야. 한마디로 '너 따위가 어디 감히……' 이런 식이란 거지.

정미 하긴 요즘 이십대들은 보니까 저 혼자 잘 먹고 잘사는 게 제일 중요한 것 같더라. 비싼 과외 받고, 해외 어학연수 다니면서 제 부모 등골브레이커로서 나름 어렵게 공부했잖아! 그렇게 해서 어렵사리 궤도에 올라탔는데, 제 앞길에 걸리적거리는 놈 있으면 다 제거하고 싶기도 하겠지. 그 구실을 찾다 보니 그게 학벌 차별이 된 게고.

(……)

정미 이제 얘기해 줘야 하잖아? 너희가 차별에 찬성할 수밖에 없게 된 건 자기계발을 제대로 하지 않은 너희의 잘못이 아니라고. 사회의 잘못이라고. 그리고 '인류는 세상을 바꾸면서 진보해 왔다'고. 그러니 이제 그대들이 바꿔 볼 수도 있을 거라고……. 그렇게 우리가 말해 줘야 하지 않을까?

성신 그래요. 나도 그렇게 생각해요. 그들이 처한 상황에 대한 분명한 이해가 필요한 시점이에요. 그런 면에서 『우리는 차별에 찬성합니다』라는 이 책은, 아주 시의적절한 문제 제기를 하고 있다는 생각이

들어요.

이런 문제를 가진 친구들이 그대로 기성세대가 된다면 사회가 어떻게 될까? 노예제가 부활하지 않을까? 채찍을 든 자와 채찍을 맞는 자! 아니, 자본주의스럽게 더 세분화되고 전문화돼서. 어쩌면 이럴 수도 있겠지. 채찍을 소유한 자와 그걸 빌려서 남 때리는 자, 돈 받고 대신 맞는 자, 돈 내고 남 채찍 맞는 거 구경하는 자, 채찍 맞은 자에게 화풀이용으로 다시 맞는 자.

정미 농담이라도 섬뜩하네. 나는 지방대 다니면서 먹고 노는 게 전부였지만, 명문대 졸업한 후로 줄곧 놀고 있는 친구한테 밥 살 정도는 되는 거 같아. 그렇다면 이건 건방진 하위 계급의 하극상인 겐가?

성신 ^^ 내 나이쯤 되니까 세상에서 제일 한심한 놈들이라면 그건 '세상에 태어나서 제일 잘한 일이 좋은 대학 들어간 일' 달랑 그거 하나뿐인 것들이더라고. 바로 그런 놈들이 세상을 망치지. 참 예외 없이 무능한 놈들인데 어찌된 건지 세상 망치는 일엔 엄청 유능하더라고.

정미 그 중소기업 다닌다는 제자님 한 번 만나게 해 주슈. 대기업 들어간 친구 소개해 주게. 그 앞에서 어

떻게 나오는지 보고 싶엉+_+

성신   내 제자는 건드리지 마. 고운 아이란 말이야. 고우면 다 용서해야 되는 게 요즘 트렌드 아냐? 하하하. 농담이고. 그 아이가 뭔 죄가 있어. 그 아이를 그렇게 만든 나와 당신 그리고 우리 기성세대의 죄지.

정미   나는 이쁜 것들에게 절대 너그럽지 않아!!!

성신   그딴 심보는 못난 사람들이나 가지는 것이라오. 그댄 충분히 예쁘니까 용서도 좀 하면서 사시오.

정미   그래? 그럼 예쁜 내가 참지. 뭐 하여튼 난 멋진 어른이 될 거야. 역사는 때때로 단 한 사람으로 인해서도 변해 왔잖아? 나는 일당백이니까. 백배는 더 빨리 변화시킬 수 있을 거야! 이런 나와 함께 하겠나 김 슨생? 손에 손잡고~ 벽을 넘어서~

성신   우리 사는 세상 더욱 살기 좋도로오오옥~[3]

다행히 이 희한한 서평에 대한 반응은 우리 기대 이상으로 긍정적이었다. 매주 신문 한 면 분량으로 서평을 게재했고 원고가 빠르게 쌓였다. 이듬해인 2015년 가을, 그간의 원고를 묶어 책으로 낼 수 있었다. 책이 나오자 언론과 미디어의 반응이 뜨거웠다. 당시 언론은 『북톡카톡』에 대해 주로 이런 시각에서 호평했다.

> 시간 낭비로만 생각했던 수다를 서평의 영역으로 끌어오면서, 책을 읽고 해석하는 힘이 우리 모두에게 있음을 남정미 작가는 알려 주었다. MBC『개그야』의 '명품남녀'에서 웃음 제조기로 인기를 모은 남정미. 하지만 요즘 그녀는 코미디언보다 '책방 옆집 여자'로 더 유명하다. 개그 못지않은 서평가로서의 매력을 폴폴 풍기는 덕이다.[4]

이 일을 통해 남정미 씨는 서평가 이미지를 코미디언이라는 자신의 정체성에 얹어 이전에 없던 캐릭터를 만드는 데 성공했고, 나는 출판평론가라는 딱딱하고 학술적인 이미지를 희석시켜 친절한 서평가의 이미지로 대중에게 다가가는 데 도움을 받았다. 『TV책방 북소리』(TBS)라는 프로그램 진행자로 4년이나 활동했던 것도 그날의 그 용기 있는 클릭 덕분이었다고 믿는다.

코미디언 남정미 서평가 만들기 프로젝트를 통해 배운 것이 많다. 사람의 정체성이나 이미지는 섞일 수도 있고, 다른 사람에게 나눠 주는 것도 가능하다. 이 깨달음은 내 인생의 터닝포인트였다. 이전까지 생각도 못해

〔1〕 웃기는 서평가라는 새로운 정체성

봤던 완전히 새로운 길이 열렸다.

{ 2 }
좋은 생각을 담는 서평이라는 그릇

서평 쓰는 호텔 요리사 유재덕

36년 만에 다시 만난 친구 김성신. 그의 직업은 독특했다. 서평가. 책을 읽고 소개하는 것이 직업이라고 했다. 세상에 그런 직업도 있다는 것을 그를 만나던 그날 처음 알았다. 얼마 후 친구는 내가 근무하는 호텔로 찾아왔다. 그는 직업만큼이나 취향도 독특했다. 호텔의 화려하게 드러난 공간이 아니라 호텔리어들의 사무 공간을 보고 싶다고 했다. 나는 요리사들의 사무실로 그를 안내했다. 그날 우린 서로 살아온 이야기를 오랫동안 나누었다. 그는 사무실에 서 있던 내 낡은 책장이 인상적이라고 했다. 거기엔 내가 20여 년 동안 모은 요리책과 레시피가 들어 있었다. 얼마 후 그가 다시 만나자고 했다. 다짜고짜 그 자리에서 불쑥 내미는 책 보따리. "이제 세상엔 너와 같은 요리사가 필요해. 너처럼 건강한 생각을 가진 요리사를 본 적이 없어. 그래서 네가 글을 써 주면 좋겠어." 그의 말에 나는 황당하기만 했다. 나는 이렇게 대답했다. "무슨 그런 어이없는 이야기를 하냐. 난 평생 요리만 한 사람이야. 글을 써 본 적이 한 번도 없어." 그러자 그는 기다렸다는 듯이 이렇게 말을 받았다. "좋은 글은 좋은 생각이야. 세상에 예쁜 글은 많지만, 좋은 글은 드물지. 네가 어떻게 표현한다고 해도, 사람들은 네가 좋은 사람이라는 것을 알아. 너는 분명히 좋은 저자가 될 수 있어. 내가 도와줄 테니 한번 해 봐.[5]

유재덕 셰프의 책 『독서 주방』은 요리사의 독서록이다. 웨스틴조선호텔. 우리나라에서 가장 오래된 호텔에서 30년 넘게 요리사로 일한 중년의 셰프는 주방에서 틈틈이 책을 읽고 신문에 칼럼을 썼다. 2016년부터 4년 동안 연재한 칼럼을 모아 펴낸 『독서 주방』. 저자는 서문에서 자신이 처음 글을 쓴 계기를 자세히 적어 놓았다. 거기엔 내가 민망스러울 정도로 잔뜩 등장한다.

친구인 그에게 처음 글쓰기를 권하면서 당장 뭘 쓸

생각은 하지 말고 그냥 마음 편히 읽기만 하라고 했다. 요리사인 그가 좋아할 만한 책은 역시 음식이나 요리 재료의 역사를 다룬 인문 교양서 혹은 소재나 주제가 요리인 소설이나 에세이 등일 거라고 판단했다. 내가 가지고 있던 책을 그에게 가져다주었고, 이후 그는 1년에 걸쳐 그 책들을 읽었다. 그는 세상에 요리에 관한 책이 이렇게 많다는 것에 놀라워했다.

인생이 정직과 성실 그 자체인 그는 읽는 과정에서부터 내게 감동을 주었다. 새벽 근무를 한 날은 눈이 절로 감겼단다. 그럼에도 읽기를 멈추지 않았다. 가끔은 읽기 버거운 책도 있었는데 그런 책은 몸에 붙이고 있으면 혹시 저절로 이해가 될까 싶어 베고 잔 적도 있다고 했다. 그러던 어느 날 식탁에 엎드린 채 잠이 드는 바람에 책을 침 범벅으로 만들었다는 대목을 읽다가는 그만 눈물이 핑 돌았다. 중년의 친구에게 사용하기에 적당한 표현은 아니지만, '기특함'이랄까 '갸륵함'이랄까. 뭐라 형언하기 어려운 묘한 감동이 일었다. 그를 위해 뭐라도 해 주고 싶은 마음이 생겼다.

그렇게 한번 읽기 시작한 책은 그를 놓아 주지 않았단다. 침대에서, 통근길 지하철에서, 집 식탁에서, 호텔 주방 구석에서 그는 읽고 또 읽었고, 그렇게 읽으면서 자신이 변하는 것을 느꼈다. 일상을 둘러싼 모든 사소한 것이 다시 보이는 경험을 했단다. 마치 거대한 퍼즐처럼 자신이 가지고 있던 모든 지식이 재구성되는 놀라운 경험을 했다고 그는 고백한다.

주방에서의 독서로 그렇게 1년이 흘렀다. 그리고 2016년 1월 24일. 그의 첫 칼럼이 신문에 실렸다. 『스포츠경향』 문화면. 『마크 쿨란스키의 더 레시피』[6]라는 책의 서평이었다. "글과 얼굴이 인쇄된 신문을 보고 있자니 약간 어지러웠다. 잠시 현실 감각이 사라졌다. 모든 것이 꿈만 같았다"라고 그는 나에게 말해 주었다. 이번에도 엄민용 기자가 '호텔 주방장의 독서록'이라는 콘셉트와 기획 취지를 설명하자마자 단박에 지면을 내어 주었다.

콘셉트를 정하고 신문사에 연재를 주선하기 직전까지 고심에 고심을 거듭했다. 당장의 칼럼 연재만이 아니라 칼럼을 모아 책으로 출간하는 경우까지 미리 계획해야 했기 때문이다. 연재를 꾸준히 하면 글은 자연스럽게 쌓이니 그걸 묶으면 어렵지 않게 책을 낼 수 있을 것으로 보이겠지만, 그게 그렇게 쉬운 일이 아니다. 신문과 책은 전혀 다른 성격을 가진 매체이고 독자의 요구도 완전히 다르다. 그래서 신문에 연재할 때는 큰 인기를 끌어도 그걸 묶어서 책으로 펴내면 전혀 주목받지 못하는 경우가 허다하다. 그런 만큼 신문의 독자와 책의 독자 둘 모두를 충족시키는 글의 콘셉트를 잡으려고 나는 꽤 오랜 시간 고심했다.

우선 매 연재글에 똑같은 도입부를 삽입해 글의 성격과 필자의 철학을 독자에게 각인시키기로 했다. 고작 300여 자에 불과한 짧은 도입부 글을 확정하는 데만 꼬박 한 달이 걸렸다. 칼럼의 취지를 짤막하게 설명하는 글에 불과하지만, 이후 칼럼을 책으로 구성할 때 내세울 기획 의도와 핵심 메시지까지 고려했기 때문이다. 한발 더 나아가 책이 출간되면 여러 매체에서 저자에게 관심을 가질 거라 예상했는데, 그때 인터뷰 등에서 사용할 저자의 철학을 담은 적절한 레토릭까지 심어 두고 싶었다. 그렇게 작성한 다음 문장은 이후 「파불루머 유재덕의 칼과 책」이 연재된 4년 동안 변함없이 사용되었다.

유재덕의 직업은 합법적인 칼잡이, 즉 요리사다. 우리나라에서 가장 오래된 호텔에서 20년 넘게 일했으며, 현재는 그곳에서 메뉴 개발을 담당한다. 하지만 그는 '요리사'보다는 자신을 '음식가' 혹은 '파불루머'라는 명칭으로 불러 주길 원한다. '음식물'이나 '영양물'을 뜻하고, 그래서 '마음의 양식' 등을 표현하는 숙어에서 종종 활용되는 라틴어 pabulum(파불룸)에서 따온 단어다.

"요리는 특별한 것이지만, 음식은 위대한 것이다!"

이것은 그의 좌우명이다. 요리는 맛을 주지만, 음식은 생명을 주는 것이기 때문이라는 이유다. 그런 이유로 그는 언제나 손에서 칼을 내려놓을 때마다 책을 집어 들었다. 「파불루머 유재덕의 칼과 책」은 오늘도 그가 주방에서 읽고 있는 책들에 관한 이야기다.

칼럼 연재를 앞두고 우리는 많은 이야기를 나누었다. '요리'와 구별되는 '음식'이라는 개념도 대화를 깊이 나누는 과정에서 튀어나왔다. 그렇게 흥미로운 이야기가 나오면 나는 즉시 "요리는 특별한 것이지만 음식은 위대한 것이군. 요리는 맛을 주지만 음식은 생명을 주는 것이니까" 같은 문장으로 정리했다. '파불루머'라는 말도 내가 그에게 선물한 별명이다. 호처럼 이름 앞에 붙여 쓰라고 했다. '음식물'이나 '영양물'을 뜻하고 그래서 '마음의 양식' 등을 표현하는 숙어에서 주로 활용되는 라틴어 'pabulum'(파불룸)에서 따온 단어다. 여기에 사람을 의미하는 영어 접미사 '-er'을 붙여 '음식가'라는 뜻을 담았다.

그는 평생을 화려한 호텔 요리사로 살았으니 나이가 들어 은퇴하면 소박한 음식가로 살고 싶다고 했다. 그의 이런 철학이 정말이지 존경스러웠고, 이 이야기를 들으면서는 '위대한 아마추어리즘'이라는 단어가 떠올랐다. 요즘은 세상이 천박해져서 돈을 많이 버는 프로페셔널이 마치 '천상의 존재'처럼 여겨지지만 본래 아마추어야말로 고귀한 존재 아닌가. 그런 맥락으로 세상에서 가장 위대한 요리사도 미쉐린 별을 주렁주렁 달고 있는 최고급 레스토랑의 요리사가 아니라 주부가 아니겠냐는 이야기를 그와 함께 나누었다. 사랑하는 사람을 위해 온 마음을 담아 음식을 만드는 사람들. 요리와 음식에서 아마추어리즘으로 화제를 확산시키고, 그 고귀한 아마추어 요리사들을 향한 존경심까지 표하면 좋겠다는 데까지 생각이 미치자, 평생을 호텔 요리사로 산 그야말로 주부를 향한 존경심을 표하기에 가장 적합한 존재라는 느낌이 들었다.

그렇게 전략을 짰다. '파불루머'라는 희한한 호칭을 내세우면 사람들이 이에 대해 궁금할 테고, 물어보면 이 '위대한 아마추어리즘' 서사를 들려주자고. 문학 창작의 수법 중 하나인 '낯설게 하기'와 비슷한 효과를 기대했다. 무엇보다 맛을 넘어 생명에도 관심을 가지는 사람. 그리고 그런 꿈을 꾸는 호텔 요리사. 가장 화려한 요리 뒤에서 가장 깊고 멀리 고민하는 도덕적 존재로 그를 부각하고 싶었다. 실제로 그는 그런 사람이었으니까.

『조선일보』에는 오래된 연재 코너가 많다. 문화면 장수 코너 「일사일언」一事一言이 처음 등장한 것은 1933년으로, 지금까지 90여 년을 이어 오고 있다. 소설가 이광수, 국어학자 이희승을 비롯한 한국 현대 문화사의 쟁쟁한 인물이 이 코너의 필진으로 참여했다. 지금도 「일사일언」 필진으로 선정되면 오피니언 리더라는 사회적 위상을 얻는다. 유재덕 세프가 『독서주방』을 펴내고 나서 나는 그가 「일사일언」 코너의 필진으로 참여할 수 있도록 여러 경로로 그를 추천했다. 과연 성과가 있었다. 신문사에서 그의 저서와 샘플 원고 두 편을 검토한 후 2020년 5월 그를 새 필진으로 발표했다. 그는 두 번째 「일사일언」 칼럼에서 초짜 요리사 시절 자신의 에피소드를 다음과 같이 솔직하게 썼다.

초짜 요리사 시절 일이다. 이탈리아인 주방장의 영어는 정말 알아듣기 어려웠다. 어느 날, 내 실수에 화가 난 주방장이 날 불러 주방 벽을 보고 서 있게 했다. 그런 날이 반복되니 부끄러워 미칠 지경이었다. "아저씬 왜 맨날 벽 보고 서 있어요?" 지나가던 직원들이 묻곤 했다. 요리사 20여 명이 전쟁터 병사들처럼 일사불란하게 움직이는 호텔 레스토랑 주방의 점심시간이 내겐 영원처럼 느껴졌다.

부끄럽다 못해 참담했던 내 청춘을 급반전시킨 구원의 존재가 있었다. 바로 라면이다. 자취생 때 나는 거의 매일 라면으로 끼니를 때웠다. 라면 하나만은 자신 있었다. 혼이 쏙 빠질 만큼 유난히 바빴던 날 런치 타임이 끝나자, 다들 허기가 졌다. 선배 요리사가 라면을 꺼내왔다. 후다닥 일어나 내가 끓이겠다고 자청했다. '바보가 아니란 걸 보여 주자!' 순간 가슴속에 전의戰意가 타올랐다.

다시마 국물을 내고 콩나물과 수프를 먼저 넣어 중불로 끓였다. 여기에 조개와 새우, 고추를 추가했다. 큰 집게로 저으며 면발을 '알 덴테'al dente(면이 살짝 덜 익어 단단한 상태)로 익혔다. 면만 따로 건져내 대접에 담고 조심스럽게 국물을 부었다. 태어나서 이렇게 공들인 일이 또 있을까 싶을 만큼 집중했다.

그때다. 이탈리아인 주방장이 다가왔다. 호기심 가득한 눈으로 라면과 나를 번갈아 보더니 무슨 음식인지 물었다. 설명을 듣더니 자신도 먹어보겠다고 했다. 순간 영혼이 탈탈 털리는 기분이었다. 『아메리카 갓 탤런트』에 나가 사이먼의 독설 심사평을 기다리는 마음과 비슷할까? 주방장이 내가 끓인 라면을 입에 넣은 뒤 눈을 감고 우물거리던 장면이 또렷하다.
이윽고 천천히 눈을 뜬 그가 내 어깨를 툭툭 쳤다. 그러곤 엄지를 척 올렸다. 나는 감전이라도 된 듯, 멍하니 그의 얼굴만 바라보았다. 그날 이후, 내가 주방에서 벽 보고 서 있는 일은 없었다. 오랜 면벽 수행의 산물이자 내 청춘의 구원이 된 요리, 라면은 내 인생 요리다.[7]

이 칼럼이 나온 날 그 신문사의 국장인가 하는 높은 사람이 편집국에 들어와서 신문을 흔들며 "「일사일언」은 바로 이렇게 쓰는 거야!" 하고 소리쳤다는 전설 같은 이야기를 나중에 그 신문사의 어느 기자로부터 전해 들었다. 유재덕 셰프는 아무리 옛날 이야기지만 주방 벽 보고 서서 벌 받은 이야기는 너무 창피하다며 쓰고 싶지 않다고 했다. 하지만 내가 강권했다. 이런 일화가 지금의 성취를 더욱 빛나게 할 거라면서. 한참을 설득한 끝에야 그는 승복했다. 잘한 결정이었다. 독자 반응도 엄청나게 좋았다. 4년이 지난 지금도 그 칼럼으로 팬이 되었다며 호텔로 찾아오는 고객이 있다고 할 정도다. 「일사일언」은 한 필자가 한 달 동안 4회 정도 연재하고 교체되는 것이 보통이지만 이 칼럼이 원동력이 되어 그는 무려 17회를 연재했다.

그의 책 『독서 주방』 서문에는 내가 읽다가 순간 울컥 눈물이 쏟아질 정도로 감동받은 구절이 있다.

> 내가 읽었던 책들을 핑계로 나의 인생 이야기를 적어 보았다. 책을 읽고 글을 쓰면서 나는 한 가지 놀라운 사실을 알게 되었다. 독서는 힘이었다. 관념적인 비유가 아니라 구체적이고 현실적인 에너지 말이다. 독서를 통한 지적인 포만감은 나를 훨씬 강인하게 만들어 주었다. 이 강인함은 나를 이전과는 전혀 다른 사람으로 변화시켰다. 책을 읽기 전의 나는 하루하루를 겨우 살아내는 전형적인 소시민이었다, 하지만 지금은 다르다. 나는 이제 어떤 식으로든 세상에 선한 영향력을 미칠 수 있다고 생각한다. 그리고 나의 일상 속에서 매일 매순간 그런 일들을 찾는다. 내가 읽었던 책 속의 사람들이 그랬듯이 말이다. 책이란 어느덧 나에게 아이언맨의 슈트와도 같은 것이 되었다.[8]

유재덕 그는 내 오랜 벗이자 존경하는 스승이다. 그도 나를 향해 똑같은 표현을 사용한다. '벗이자 스승.' 나는 그가 세상에서 가장 훌륭한 요리사라고 믿는다. 실력과 도덕성 두 가지 모두를 갖추었기 때문이다. 나는 파불루머 프로젝트를 통해 성실한 사람이 유능해지고, 유능한 사람이 훌륭해지고, 훌륭한 사람이 멈추지 않고 계속 정진하는 진정한 고수의 이야기를 들려주고 싶었다. 돈 버는 데만 유능한 사람이 최고수는 아니라는 것을 세상에 보여 주고 싶었다. 그가 읽은 책 이야기를 통해 바로 이런 지점을 입증하고 싶었다.

이에 동원한 '서평'이라는 형식은 우리에게 그 무엇보다 유용한 도구였다. 서평은 책을 읽은 누구에게라도 쓸 자격이 주어진다. 아무도 '네가 무슨 자격으로 글을 쓰느냐?' 하는 식으로 문제 제기하지 않는다. 그래서 서평으로는 책에 기대 자신의 생각과 이야기를 훨씬 자유롭게 펼칠 수 있다. 물론 세상에는 유재덕 셰프 말고도 뛰어난 요리사가 많을 것이다. 그들 모두가 자신의 방식대로 세상을 향해 메시지를 보낼 수 있으면 좋겠다. 유재덕 셰프의 서평이 좋은 선례가 되길 바란다.

{ 3 }
서평 형식에 정답은 없다
독후화 화가 천지수

천지수 화가는 동창의 후배였다. 초등학교를 졸업하고 36년 만에 만나 서로 살아온 이야기를 나누던 동창이 말했다.

"만나면 서로 굉장한 시너지가 생길 사람이 생각났어. 화가야. 소개할게."

그렇게 천지수 화가를 만났다. 그의 유학 시절 이야기가 엄청나게 흥미로웠다. 대학을 졸업하고 나서 그는 곧 이탈리아로 떠나기로 결심했다. 그는 "명사의 삶이 아니라 동사의 삶"을 살고 싶었다고 말했다. 그러면서 이야기했다.

"'그림'은 명사지만 '그리다'는 동사지요. 그림은 아무리 대단해져 봐야 고작 비싼 물건 취급이나 받지만 '그리는 행위'는 때로 숭고해서 '그리는 사람'은 위대함에 다가갈 수도 있다고 생각해요. '화가'라는 명사로 불리기 시작하다 보면 어느새 '그리기' '그리기를 사랑하기' '그리기를 사랑하는 나를 사랑하기' 등과 같은 아름다운 동사적 삶을 잊어버릴 수도 있을 거예요."[9]

그날 우리는 뭔가를 함께 시도해 보기로 의기투합했다.

그는 비교적 일찍 화가로 인정받았다. 유학 중이던 2003년 지오반니 페리코네 이탈리아 미술대전에서 대상을 받았다. 스스로 인정할 만한 화가가 되었고 이제 집으로 돌아갈 만한 자격이 생겼다고 판단했단다. 하지만 한국으로 돌아온 후 아티스트로서 별 진전이 없었다. 깊은 슬럼프가 시작된 거다. 그러던 중 2008년 탄자니아에서 암석 벽화 복원 작업에 참여할 기회가 생겼다. 아프리카는 '맹렬한 생명' 그 자체였다고 그는 말했다. 그곳에서 화가로서의 정체성을 다시 찾은 것이다. 그리고 2년 만에 탄자니아에서 돌아왔다. 그런데 이번에는 결혼과 출산, 살림과 육아로 한동안 붓을 놓아야 했다. 자신의 선택에 책임을 져야 했고, 그림은 언제든 다시 그릴 수 있다고 생각했다. 우리가 만난 건 그로부터

10년 가까이 흘렀을 즈음이었다.

나는 그에게 재미있는 '실험'을 해 보자고 제안했다. '페인팅 북리뷰'라는 좀 이상한 형식의 칼럼 연재. 책을 읽고 나서 감상이나 떠오른 영감을 그림으로 그리고, 그 창작의 과정을 글로 설명하는 것이다. 말하자면 '독후화' 그리기로, 미술과 서평을 융합하는 프로젝트였다. 화가가 독서를 통해 영감을 받아 그린 작품이야 있겠지만, 주기적으로 책을 읽고 그 감상을 그려서 신문에 칼럼으로 연재하는 시도는 내가 아는 한 이전까지 없었다. 그는 나중에 자신의 책을 출간하면서 당시의 장면을 이렇게 묘사했다.

> 김 평론가가 쏟아내는 말은 설명이나 설득이 아니었다. 그것은 반짝이는 선물이었다. 그날 밤 나는 보채는 아들을 뒤로하고 말랐던 붓끝에 다시 물감을 찍었다.[10]

천지수 화가는 무엇보다 글을 쓴다는 것이 큰 부담이라고 말했다. "좋은 글이란 멋진 표현법에서 나오는 것이 아니에요. 좋은 생각에서 나오는 거죠." 유재덕 셰프에게 써먹었던 문장을 그대로 다시 썼다. 그리고 내가 문장 교열을 책임져 줄 테니 '페인팅 북리뷰'라는 이름의 새로운 장난감으로 '우리 같이 놀자'고 독려했다.

처음에는 조금 주저했지만 그는 용기를 내어 들어선 책의 세상을 너무나 놀랍고 재미있어 했다. 자신이 새롭게 만난 책의 세계는 마치 "우주처럼 넓고, 무한한 가능성으로 가득" 차 있었으며, 그 모든 것들이 "숨이 멎을 듯한 아름다운 세계로의 진입"이었다고 표현했다. 화가다웠다. 그렇게 시작된 「페인팅 북리뷰, 천지수의 책 읽는 아틀리에」는 이후 5년 동안 『스포츠경향』에 연재되었다.

페인팅 북리뷰 프로젝트에 대해 천지수 화가는 불꽃과 연기가 피어오르는 화학 실험처럼 신기하고 놀라웠다고 말했다. 읽은 책마다 매번 다르게 반응하는 자신을 보았고, 그로 인해 삶 자체가 계속 뛰어오르는 경험을 했다고도 했다. 연재 이후 그에게 어떤 변화가 있었을까? 5년 동안의 연재를 묶어 책으로 펴내기로 결정했을 때 축하 자리에서 그에게 물었다.

그는 우선 '세상을 바라보는 눈'과 '나와 타인의 삶을 대하는 자세'가 달라졌다고 말했다. 그리고 무엇보다 자신의 머릿속에 펼쳐지는 '상상의 수준'이 달라졌다고 했다. 이전엔 막연하고 관념적인 단상 수준에 머물렀다면, 독후화를 그리고 글을 쓴 이후부터는 훨씬 구체적이고 명료한 상상을 한다는 것이다. 그에게 "페인팅 북 리뷰는 책의 저자가 구성해 놓은 책 속의 질서를 미술로 해체deconstruction하고 재구성reconstruction하여, 이 과정 자체를 문장으로 기록하는, 즉 '메타적 시선'을 표현하는 작업"이었단다. 그는 5년 동안 꾸준히 독후화를 그렸다. "구조화된 이야기와 이미지들을 해체하는 이런 작업은 화가인 그에게 일종의 대안적 상상alternative imagination을 가능하게" 했다. 다시 말해 읽고, 그리고, 쓰는 행위 사이에서 독특한 융합 반응이 일어났고, 그 과정에서 영감이 폭발적으로 생겨났다. 그는 책 서문에 이렇게 썼다.

장난처럼 놀이처럼 즐겁게 시작한 프로젝트의 결과는 놀라웠다. 아티스트로서의 나의 머리에는 도약, 양질전화, 말 그대로 혁명이 일어났다. 내 수명이 천 년쯤 된다고 해도 그 세월을 몽땅 그림으로 채워 낼 수 있다고 믿는다. '창조적 영감의 씨앗'이 가득 찬 창고를 소유했기 때문이다. 이 책을 엮는 이유 중 하나는 창조적 영감이 사라진 존재에게 나만의 말을 건네기 위함이다. 창조적 상상이 필요한 세상 사람들에게, 책과 독서로부터 영감을 얻는, 중요한 단서 하나를 알려 주고 싶었다. 화가로서 내가 읽은 책은 배움의 대상에 그치지 않았다. 책을 보고, 씹고, 재구성해서 나만의 날개를 만들었다. 책에서 받은 창조적 영감은 나의 붓이 더 멋지게 춤출 수 있도록 안내했다.[11]

그는 여전히 읽고 그린다. 그의 서평, 독후화를 통해 서평의 형식이 조금 더 확장되었다고 믿는다.

{ 4 }
서평은 지식인의 타이틀
책 읽는 북한 작가 김주성

나는 북한에서 살다가 대한민국에 왔기 때문에 자유와 인권의 '진미'를 날마다 음미한다. 하지만 대한민국 사람들이 보는 책에는 '부족하다! 더 많은 자유와 더 높은 차원의 인권을 위해 우리 모두가 훨씬 더 노력해야 한다'고 적혀 있다. 이곳에서 책을 읽으면서 내심 크게 놀란 일 가운데 하나가 바로 이것이다. 자유와 인권에 대한 끝없는 모색과 의지와 노력이 이곳을 북한보다 훨씬 나은 나라로 만들었다는 사실을, 나는 책을 통해 깨달았다.[12]

탈북인인 김주성 씨가 유시민의 『나의 한국현대

사』를 읽고 쓴 서평의 한 대목이다. 그는 2014년부터 『스포츠경향』 문화면을 통해 「북한 작가 김주성의 남한에서 책 읽기」를 연재했다.

2024년 편집국장으로 정년퇴직한 엄민용 기자는 재임 시절 내가 서평 연재를 제안하면 문화부 지면을 내주었다. 물론 아니다 싶으면 거절하겠다고 조건을 붙이긴 했지만 내가 코미디언 서평가 남정미 씨와 「북톡카톡」이라는 제목으로 연재를 시작하던 2014년 2월부터 그는 20개도 넘는 내 기획을 거절한 적이 없다. 후일 그는 "스포츠신문의 출판면은 기자보다 출판전문가에게 기획을 맡기는 것이 더 낫겠다고 생각했고, 당신이 적임자라고 판단했다"라고 말했다. 신문사의 현직 문화부장이 자신이 가진 편집권의 일부를 외주화한 셈인데, 언론인으로서 2010년대 초반에 이런 구상을 하고 추진한 것을 보면 그는 매우 앞서가는 지식인이었고 실천하는 지성이었다. 나는 그의 기발한 지원을 등에 업고 이때부터 다양한 유형의 서평가를 발굴하고 독특한 형식의 서평을 기획했으며, 이런 활동을 통해 많은 이들에게 서평가 자격을 부여했다. 지금도 이 일을 계속하고 있다.

「북한 작가 김주성 남한에서 책 읽기」도 『스포츠경향』에 지면을 확보한 뒤 초기에 추진한 기획 중 하나였다. 김주성 작가와 인연을 맺은 곳은 KBS 방송국이었다. KBS는 국가기간방송이기 때문에 특별한 채널을 몇 개 운영한다. KBS월드라디오와 KBS한민족방송이 대표적이다. KBS월드라디오는 세계 여러 곳에서 송출하며, 전쟁이나 재난 등의 상황이 발생하거나 여타 통신이 원활하지 않을 경우 한국의 소식을 전 세계에 알리려는 채널이다. KBS한민족방송은 북한 및 인근 거주 동포를 대상으로 하는 대북방송이다. 청취율을 경쟁해야 하는 방송이 아니라서 상업 광고도 하지 않으며, 검증을 거쳐서 고정 출연자로 정해지면 한 프로그램에 10년 이상 출연하게 되는 경우가 많다. 나는 KBS한민족방송의 『통일열차』라는 프로그램에 문화평론가 자격으로 14년째 고정 출연해 북한 주민에게 대한민국의 최신 문화 트렌드를 소개한다. 여기서 김주성 씨를 만났다.

앞뒤로 나란히 녹음을 하니 매주 얼굴을 마주쳤다. 1년이면 50번 이상 마주치는 사람과 친해지지 않을 도리가 없다. 그는 북한에서 소설가로 활동했다고 자신을 소개했다. 각각 남과 북에서 살았지만, 두 살 차이에 비슷하게 글 쓰는 직업을 가졌기 때문인지 우리는 통하는 것이 많았다. 방송이 끝나면 함께 점심을 먹으며 이야기를 나누었다. 처음에는 북한에서의 삶이 궁금했지만 만남이 반복되자 그의 남한살이가 더 궁금했다.

그는 지식인다웠다. 뻔하고 일방적으로 북한 체제를 비판하거나 탈북 이후의 삶과 자신의 정황에 대해 과장하지 않았다. TV조선의 『모란봉 클럽』이나 채널A의 『이제 만나러 갑니다』 등 북한이탈주민이 출연하는 TV 프로그램이 탈북인에 대한 사회의 관심을 환기시키니 긍정적인 면도 있지만, 탈북인의 이미지를 선정적이고 자극적으로 소비하는 면도 있다고 우려했다. 그의 '우려'에 귀가 번쩍 뜨였다. 이렇게 균형 잡힌 생각을 하고 이것을 표현할 수 있는 탈북인이라니. 다른 탈북인들과는 결이 다르다는 생각을 했다.

그러고 보니 탈북인은 '자유' 혹은 '더 나은 삶'을 위해 목숨까지 건 아주 용감한 사람이기도 하다는 생각이 들었다. 그런데 대한민국에서 그에 마땅한 존중을 받고 있나. '좋은 집에 사니까 어때?' '좋은 옷 입고 좋은 차 타니까 어때?' 대한민국에 와서 정착한지 십 년 이십 년이 지나도 고작 이런 저급한 궁금증에나 끝없이 대답하며 살아야 하는 것이 과연 마땅한가 싶었다. 3년 넘게 그와 대화를 나누며 탈북인의 내면에 큰 관심이 생겼다.

방송을 하면서 알게 된 서평가 김성신 씨가 어느 날 '한

번 책을 써 봐라. 왜 작가라는 사람이 아무것도 안 하고 있느냐'고 채근했어요. 한국에 와서 책 읽기는 하지 않고 영화와 드라마에 푹 빠져 있던 저를 깨운 한마디였어요. 그것을 계기로 매주 한 권씩 책을 읽고 신문에 연재를 시작했어요.[13]

몇 년 후 그가 책을 펴내고 언론사와의 인터뷰에서 한 말이다. 나는 엄 기자에게 연락해 새 서평 기획을 제안했다. "소설가 출신의 탈북인이 남한에서 책 읽은 이야기를 서평으로 연재하려고 해요." 이 짧은 한 마디가 채 끝나기도 전에 그는 연재를 승낙했다.

김주성은 일본 도쿄에서 출생한 재일교포 3세다. 1979년 아버지와 함께 북송선을 타게 됨으로써 '북한 인민'이 됐다. 북한의 진명대학교 국어문학부를 졸업했고, 이후 조선작가동맹의 작가로 활동했다. 그러나 지식인으로서 북한의 통치 이념과 체제의 한계를 고뇌하다 탈북을 결심, 2009년부터 대한민국의 국민이 됐다. 북한에서 소설가로 활동하던 그는 이제 서울의 거리를 자유롭게 거닐며 마음 닿는 대로 책을 읽는다. '북한 작가 김주성의 남한에서 책 읽기'는 그가 이곳에 와서 책을 통해 만난 대한민국에 관한 이야기다.

　요리사 유재덕과 화가 천지수 때도 그랬지만 새 서평 연재가 시작되면 연재의 취지를 밝히는 도입부는 늘 내가 작성했다. 여기에 서평의 특징과 장점뿐 아니라 서평 쓰는 이의 작가로서의 전략까지 담아야 하기 때문이다. 김주성 씨의 첫 연재 도입부를 쓰는 데도 꼬박 3일이 걸렸다. 먼저 북한에서 그의 직업이 소설가였던 것에 착안했다. '탈북 작가'를 '북한 작가'로 수정한 것은 나름의 전략이었다. '탈북'이라는 단어가 콘텐츠에 대한 독자들의 기대치를 낮출 거란 판단에서였다. 탈북한 지식인이 남한에 적응하려고 읽은 책을 소개하는 것이 드러낸 전략이라면, 탈북인이라는 경계인의 시선을 빌려 대한민국 사람들이 자신의 삶을 성찰할 수 있도록 해 보자는 것이 숨은 전략이었다.

　전략적으로 책 선정이 매우 중요하다고 판단했다. '이 책은 이러저러한 내용을 담고 있는데, 당신이 이러저러한 측면에서 이 책을 다루면 독자 반응이 좋을 것 같다'는 식으로 매번 서평에서 다룰 책을 선정해서 그에게 제안하고 긴밀히 의논한 뒤 '엄선'했다. 후반부로 가면서는 그가 직접 서평 쓸 책을 골랐다. 그는 칼럼 취지에 잘 어울리는 책을 기막히게 잘 선택했다. 그는 인정받는 전문 서평가로서 서평을 쓴 것이 아니라 서평을 쓰면서 마침내 서평가가 되었다.

기대했던 것보다 독자 반응이 좋았고 4년쯤 지나자 책 한 권 분량의 글이 쌓였다. 2019년 나는 출간 기획서를 써서 몇몇 출판사에 보냈다. 다음은 2015년 가을 그가 신문에 게재한 서평이다. 『가난은 어떻게 죄가 되는가』[14]를 읽고 쓴 글이다.

> 한국에 온 지도 벌써 10년이 다 돼 가지만, 요즘도 가끔 길을 가다가 눈에 밟히는 간판이 있다. 바로 로또다. 불과 천 원짜리 종이 한 장 때문에 벼락부자가 되는 것이 정말로 신기했다. 게다가 어마어마한 금액의 복권에 당첨됐다가 얼마 못 가서 도박과 사치에 빠져 빈털터리가 된 사람도 있다니 그 또한 신기했다. 결국 부자와 빈자의 차이도 종이 한 장인가? 하는 생각을 하면서 읽게 된 책이 『가난은 어떻게 죄가 되는가』이다.
> 월스트리트 금융 기업들과 관료들에 대해 혹독한 비판을 아끼지 않기로 정평이 난 『롤링스톤』의 기자 맷 타이비가 쓴 책이다. 그는 골드먼삭스라는 금융회사를 '인류에 들러붙은 흡혈 오징어'로 표현한 것으로도

유명한 사람이다. (……) 타이비는 미국 사회가 가난을 죄악시하는 것을 넘어 '가난을 처벌'하는 데까지 나아갔음을 구체적인 사례들을 통해 생생히 보여 준다. 이 책이 그리는 것은 경제 논리에 잠식된 사법 시스템과 그 지배를 받는 디스토피아로서의 미국 사회다. (……)

나는 북한에서 소설가였다. 그때 내가 쓴 단편 중에 「지팡이」라는 작품이 있다. 어느 날 맹인이 지팡이를 요령 있게 짚어 가며 대로변을 홀로 자유롭게 걸어가는 것을 보고 나서 쓴 소설이다. 그는 앞을 보지 못하니 길에 떨어진 동전을 그냥 스쳐 지나갔다. 그래서 그의 뒤를 걷던 내가 돈을 주웠다. 그 맹인은 동전을 놓쳤지만 어쩐지 행복해 보였고, 그가 놓친 동전을 얻어 횡재를 하게 된 나는 마음이 씁쓸했다. 실제 있었던 나의 일화를 고스란히 소설로 옮긴 것이다.

한국에 와서 처음으로 세금이라는 것을 내며 살아 본다. 빠듯한 살림에 세금이라는 것을 내려니 살짝은 뼈아픔이 있다. 하지만 내가 내는 세금으로 나라일이 돌아가고, 그로써 나는 이 나라에서 떳떳하게 주권을 행사하고 있다. 그래서 뿌듯하다.

그런데 이상한 것이 하나 있다. 우리 같은 서민들이 뼈 빠지게 벌어서 낸 세금으로 산다는 사람들이 우리 서민들보다 훨씬 더 부자로 사는 경우는 대체 어떻게 봐야 할까? 가끔 발표되는 공직자들의 재산을 보면 정말 놀라서 자빠질 노릇이다.

세금이 없는 북한이라지만, 역시 권력이 곧 부를 낳는 '정경유착 현상'은 비일비재하다. 그들이 착복해서 이룬 부라는 것이 모두 살기 힘든 북한 주민의 피와 살을 뜯어내 이룬 것이다. 나는 그들을 '돈 많은 빈자'라고 부르고 싶다. 절대 권력자 김 씨의 비위에 거슬리면 시도 때도 없이 총알세례를 받을 수 있는 그야말로 파리 목숨들이기 때문이다.

이에 비해 두부 한 모에 김치 한 접시를 밥상에 올려 놓고도 그저 웃으면서 억세게 살아가는 북한의 평범한 주민도 있다. 누가 더 나은 삶일까?

가진 것은 없어도 부자처럼 사는 사람이 있고, 천만금을 쥐고도 불행한 사람이 있다. 사람 사는 세상에서 이 진리에는 남과 북이 따로 없다.[15]

탈북인에게는 남한 사회에 대한 비판적 관점을 내비칠 창구가 없다. 대한민국 사회는 2000년대 이후에도 여전히 체제 우월성의 증거쯤으로만 탈북인들을 소비하고 있기 때문이다. 이 가운데 김주성 씨는 이 칼럼과 저술 활동을 통해 남북한 가릴 것 없이 비판 정신을 발휘하는 보기 드문 탈북 지식인의 이미지를 가지게 되었다. 서평이 가진 힘을 최대치로 끌어올린 사례라고 할 수 있다.

> 한국에 와서는 쉬는 날이 너무 많다고 생각했다. 열심히 일해서 열심히 벌어야 했던 (지금도 그렇지만) 입장이다 보니 휴일이 많은 것은 달가운 일이 아니었다. 달이 바뀌고 해가 바뀌는 동안에도 일이 없으면 서운하게 생각했다. 대출금은 고무줄처럼 늘어나는 데다 살아갈 시간은 점점 줄어드니 마음이 급해진다. 그런 나에게 『전태일 평전』은 '안식'과 '마음의 안정'을 찾아준 정신적 진정제와 같았다. (……) 지금껏 나는 북한에 있을 때보다 훨씬 편안하고 자유롭다고, 자기만의 행복에 도취되어 있었던 것이 분명하다. 하지만 전태일 시대의 모순은 아직 완전히 해소되지 않았다.[16]

그가 『전태일 평전』을 읽고 쓴 서평의 한 대목이다. 이 책을 포함해 그는 한강의 『소년이 온다』, 안은별의 『IMF 키즈의 생애』, 유시민의 『나의 한국현대사』, 최인훈의 『광장』, 김훈의 『너는 어느 쪽이냐고 묻는 말들에 대하여』, 서경식의『디아스포라 기행』, 김원영의『실격당한 자들을 위한 변론』, 장강명의『한국이 싫어서』, 맷 타이비의『가난은 어떻게 죄가 되는가』, 스베틀라나 알렉시예비치의『체르노빌의 목소리』, 416세월호참사 시민기록위원회 작가기록단의『금요일엔 돌아오렴』 등을 읽고 서평을 썼다. 금방 눈치 챌 수 있겠지만 탈북민에 대한 고정관념을 흔들 만한 책을 전략적으로 선택했다. 물론 댄 주래프스키의『음식의 언어』, 최석태·최혜경의『이중섭의 사랑, 가족』, 앨리스 유의『사랑이 구한다』, 파울로 코엘료의『불륜』처럼 당시 인기 도서를 다루기도 했다. 하지만 책이 출간되고 나면 그의 '탈북인 답지 않은' 독서 이력과 보통의 탈북인과는 다른 관점이나 수준에 언론이 주목할 것이라고 생각했다.

그가 첫 책을 출간한 뒤 우리는 언론 인터뷰를 대비해 상의했다. 나는 그에게 "다룬 책 가운데 가장 인상적이었던 책이 무엇이냐"는 질문은 반드시 받게 될 테니, 그 지점에서 당신이 특별해 보일 수 있도록 이야기하자고 제안했다.『전태일 평전』과『소년이 온다』같은 책을 언급하면서 이 책들을 통해 남한의 민주주의가 거저 이루어진 것이 아니란 것을 알게 되었다는 말을 하면 도움이 될 거라고 강조하기도 했다. 그는 이런 '전략'을 정확하게 이해했다.

책이 어둠을 향해 열린 창이 되어 주었다. 최인훈의 『광장』을 읽고 예나 지금이나 광장에 모여드는 사람들의 모습과 그들의 바람이 어떤 것인지 헤아려 보게 되었고, 한강의 『소년이 온다』로 5·18의 아픔을 다시 한 번 통감하게 되었으며, 안은별의 『IMF 키즈의 생애』를 읽고 청춘들의 아픔을 헤아리게 되었다. 그중에서도 조영래의 『전태일 평전』은 내가 몰랐던 한국의 과거를 알게 하고 현재를 비춰 보게 한 의미 깊은 책이었다. '책의 창'을 펼쳐 놓고 주위 풍경을 다시 살펴보았더니 낯설었던 한국 사회가 세밀하게 보이기 시작했다. 그 속에는 내가 몰랐던 한국의 뒷모습이 있었고 오래된 아픔도 있었다. 이 나라의 이면과 아픔을 모두 받아들인 뒤에야 비로소 한국은 나의 나라가 되었다.[17]

『한겨레』에도 한 지면을 모두 할애할 만큼 긴 인터뷰 기사가 실렸다. 김종철 기자가 인터뷰를 진행했다.

Q. 책들이 매우 다양한데 어떻게 선정했어요? 누가 골라 준 건가요?

A. 처음엔 김성신 씨가 여러 개를 추천해 주면 그중에 제가 마음에 드는 걸 골라서 쓰는 식이었는데 나중에는 제가 서점에 가서 골랐죠. 책을 만들면서 출판사 편집자와 상의해 고른 책도 있고요.

Q. 가장 인상 깊었던 책은 뭐였어요?
A. 『전태일 평전』과 『소년이 온다』였어요. 솔직히 저는 부끄럽지만 전태일이 누군지도 몰랐어요. 편집자가 꼭 읽어야 할 책이라고 해서 봤는데 가슴이 먹먹했고, 속에서 무언가가 콱 올라왔어요. 남한에서 민주주의가 현실화되기까지 이런 분들의 공적과 희생이 있었구나라는 것을 알게 됐죠. 『소년이 온다』는 1980년 광주에 대한 얘기잖아요. 한국에 와서 제가 제일 궁금했던 부분이 광주 5·18과 국제통화기금(IMF) 사태였어요. 초기에 전라도에 강의를 가서 북한식으로 '광주 폭동'이라고 아무 생각 없이 얘기한 적이 있어요. 그랬더니 어떤 분이 강의가 끝나자마자 일어서서 '김 선생님, 폭동이 아닙니다'라고 말했어요. 그때 뭔가 정통을 찔린 느낌이었지만 왜 그런지는 잘 몰랐어요. 북한군 개입설 등도 나오고 해서 한동안 5·18 문제는 의도적으로 회피하고 있다가 이번에 책을 읽으면서 진정한 자

유와 민주주의를 위한 광주의 희생을 알게 됐어요.

탈북인을 둘러싼 문화를 넘어서 그는 대한민국의 지식인들까지 관심 가질 만한 메시지를 던졌다. 지금 읽어도 예술적이라고 할 만큼 그는 인터뷰를 기가 막히게 잘했다.

Q. 처음 한국에 와서는 영화 보느라고 책을 안 봤다고요?
A. 네. 계기가 있었죠. 제가 북한에서 단편소설을 네 편 정도 발표한 작가였다는 것을 알고 한국에 온 지 얼마 안 됐을 때 한 작가모임에서 초대를 했어요. 저는 이 동네 문단을 잘 모르니까 그냥 순수한 문학인 단체로 생각했어요. 나중에 보니까 보수 진영 작가만 모인 곳이더군요. 그쪽에서 세미나에서 발표할 평론을 저보고 써 달라고 했어요. 저는 북한식으로 '몇 쪽 몇 번째 단락의 표현은 잘못이다'라고 아주 구체적으로 비판했어요. 북한 말도 잘 모른 채 함경도와 평안도 말을 짬뽕해서 쓴 글을 보고 그런 것을 지적했거든요. 초고를 본 사무국장이 전화를 해서 대뜸 하는 첫 마디가 "김 선생님, 어쩌면 그렇게 우리 보수 작가들의 작품은 까고 좌

파 작품은 옹호합니까!"였어요. 그래서 "누가 좌파예요? 누가 보수예요?" 물으니까 황석영 선생님의 『바리데기』와 정도상 선생님의 『찔레꽃』은 좌파라고 하더라고요. 제가 가장 감명 있게 읽었던 책인데 말이죠. 이 분들은 북한이나 탈북민을 소재로 하더라도 안 가 봐서 모르는 부분은 언급을 하지 않아요. 그게 진솔한 거죠. 그래서 제가 "대한민국 문단은 색깔이 안 입혀진 줄 알았더니 이렇습니까? 이렇게 편 가르기를 할 거면 저는 안 합니다" 하고 평론을 안 썼어요. 한 소설가 단체도 들어야 되는 줄 알고 들었는데 매해 단체 대표 선거 때마다 문자와 전화 운동이 극성인 게 싫더라고요. 그런 것 때문에 한국에서는 한동안 글을 멀리하고 영화를 많이 봤죠.[18]

신문에 서평을 연재하고 그 글을 모아 책을 펴내고 언론을 통해 이런 자신의 생각까지 내비치고 난 뒤 김주성 작가는 '탈북인 출신의 비판적 지식인'이라는 자신만의 이미지를 만들었고, 이로서 사회적 위상을 강화하는 데 성공했다. 탈북인들의 정착과 생활을 돕는 지원 프로그램이 많다. 그런 곳에서 그는 이제 심사를 받는 쪽이 아니라 하는 쪽에 앉는다.

{ 5 }
K-서평 유머의 무한한 가능성

서평 만담꾼 박균호

파주중앙도서관에서 독서에세이 『독서만담』을 펴낸 북칼럼니스트 박균호 선생의 북토크가 열렸다. 잡지사에 그의 서평 연재를 주선하기도 했던 나는 북토크 사회자 역할을 자처했다. 그의 문장을 워낙 좋아하기도 하고, 동갑이기도 해서 우리는 통하는 것이 많았다.

그는 2016년 5월부터 출판전문지 『기획회의』에 「찌질한 아저씨의 유쾌한 독서」라는 코너명으로 서평을 연재했다. 책과 독서에 관한 그의 이야기를 읽다 보면 너무 웃겨서 방바닥을 데굴데굴 구르고 싶어진다. 책에 관한 이야기를 저토록 웃기게 할 수 있다는 것이 신기할 정도다. 정작 본인은 웃지도 않으면서 능청스럽게 사람들을 웃기는 모습이 마치 만담꾼처럼 느껴지기도 한다.『독서만담』이라는 책 제목도 그런 의미로 제안했다.

그의 책 홍보대사를 자처한 데는 이유가 있었다. 그가 그의 문장과 전혀 다른 사람이었기 때문이다. 포복절도할 문장을 수다스럽게 쓰는 그는 수줍어하는 성격에 과묵한 편이고 사람들 앞에 나서서 자신을 드러내는 성격이 아니다. 그러니까 독자들에게 그의 매력과 진가를 보여 주려면 나 같은 사람이 나서서 그를 소개할 필요가 있다. 나는 무엇보다 그의 독특하고도 매력적인 독서기를 부각시키고 싶었다.

박균호의 글에는 어딘가 다른 점이 있다. 특히 그의 초기 서평에는 유머 코드가 가득해서 읽으면서 자주 웃게 되는데, 가만히 들여다보면 그 유머 코드가 한국인에게만 통하는 게 아니겠다는 생각이 든다. 보통 서평가는 국내에 출간된 도서를 다루며 국내 독자를 대상으로 글을 쓴다. 서평가가 국내를 넘어 전 세계 독자를 염두에 두고 서평을 쓰는 경우는 잘 없다. 그런데 박균호의 칼럼을 보면 내심 그가 국제적인 명성을 가진 서평가가 될 수 있을 것 같다는 생각이 든다. 그의 유머 덕분이다. 유머감각은 섬세하고 예민해서 국경을 넘기가 굉장히 어렵다. 우리나라 사람들에게는 포복절도할 이야기지만 맥락을 모르는 외국인이라면 도저히 함께 웃을 수 없는 경우가 많다. 국경을 넘을 수 있는 코미디라면 화장실 유머나 신체를 이용해 웃음을 끌어내는 슬랩스틱 코미디 정도다. 그런데 박균호의 서평에는 마치 슬랩스틱 코미디 같은 요소가 있다는 점이 내 눈에 들어왔다.

그의 서평 한 대목을 읽어 보자. 2016년 8월 5일 『기획회의』 통권 421호에 「외로운 정미소의 왕자님과 서양사 바로세우기」라는 제목으로 실린 글로, 박신영의 『백마 탄 왕자들은 왜 그렇게 떠돌아다닐까』[19]라는 책을 다룬 서평이다. 그는 현직 중고등학교 영어 교사이기도 한데, 어느 날 옛 제자가 장가간다는 연락을 해 온 것으로 이야기를 시작한다. 단, 글을 읽으면서 스스로를 한국 문화에 대해 잘 모르는, 남미쯤에 사는 외국인이라고 가정해 보자. 그러니까 이 글이 다른 나라 사람들도 웃길 수 있을지를 한번 가늠해 보자는 것이다.

어느 나른한 오후, 오랜만에 교육에 대한 열정이 샘솟아 피를 토하며 수업을 하는데 문제의 '외로운 정미소 왕자님'께서 심기가 불편한지 혼자서 욕설을 섞어 가며 구시렁거렸다. 상대가 상대인지라 세상에서 가장 인자한 선생 코스프레를 하면서 "무엇이 너의 심기를 그토록 불편하게 만들었니?"라고 물었는데 대답을 들어 보니 얼토당토않은 헛소리를 한다. 게다가 그것도 모자라 가만히 있는 나에게 마구 화를 내지 않는가 말이다. 외로운 정미소 왕자님을 향한 나의 배려심은 순식간에 소진되었고 벌컥 그 녀석을 나무라고 말았다. 절대로 하지 말아야 할 행동을 해 버린 것이다.

의협심이 충만해 부당함을 참지 못하는 그 녀석께서는 자리를 박차고 일어나 "나 집으로 돌아갈래"라고 선언하였다. 마치 억울하게 삼진을 먹고 들어가는 타자가 심판에게 윽박지르듯이 나를 향해서 불만을 토로하는 녀석을 일단 교실에 붙잡아 두기 위해서 녀석에게 다가가는데 녀석이 전광석화처럼 교실을 박차고 냅다 도망치는 것이 아닌가. 졸지에 사냥꾼이 된 나는 바로 녀석을 뒤쫓았다. 복도를 지나 건물을 나간 그 녀석은 운동장으로 도망쳤다. 교실의 다른 아이들은 창밖을 향해 나를 열렬히 응원하기 시작했다. 그런데 불행하게도 나의 거북이걸음으로는 비호같은 그 녀석을 체포할 수가 없었다. 초등학교부터 고등학교를 졸업하는 그날까지 '달리기'라는 종목에서 꼴찌를 단 한 번도 벗어날 수 없었던 태생적 한계를 여지없이 드러낸 것이다.

불굴의 체력을 가진 '외로운 정미소의 왕자님'은 급기야 학교 뒤 야산으로 달아나기 시작했다. 일단 레이스를 시작했으니 녀석을 체포하긴 해야 하는데 마음뿐이고, 몸이 따라주지 않았다. 아들 사랑이 극진한 녀석의 부모님이 온갖 산해진미와 보약을 투입한 것이 분명했다. 젖 먹던 힘까지 다 동원해도 도무지 녀석과의 간격이 줄어들지 않으니 말이다. 마치 열심히 달리고 싶은데 다리는 전혀 움직이지 않는 어릴 적 꿈이 현실화된 것 같았다. 경사가 40도가 넘는 야산을 이 녀석은 마치 평지처럼 달리는데 나는 가슴이 터져서 미칠 지경이었다. 조금 전까지 푸르고 맑았던 하늘이 갑자기 노란색으로 보이기 시작했다. 교육이고 뭐고 다 때려치우고 싶어졌다. 이게 뭐하는 짓인가 말이다. 대낮에 '중딩' 녀석과 달리기 경주 질이라니.

공황 상태가 된 나를 비웃기라도 하듯 외로운 정미소의 왕자님께서는 친히 고개를 돌려 나와의 간격을 확인하며, 잡힐 듯 말 듯 페이스를 조절하는 여유까지 발휘하셨다. 모든 것을 다 내려놓고 주저앉고 싶어졌다. 그래도 패배의 모습을 보여 줄 수 없으니 녀석에게 잔소리를 내뱉으며 '특별히 봐준다'는 식의 프레임을 형성하기 시작했다. 멀어져만 가는 그 녀석의 뒤통수를 향해서 혼잣말처럼 꾸지람을 했다. 일이 이렇게 되고 보니 나의 레이스를 지켜보는 수백 개의 눈이 있는데 이대로 패배자의 모습을 한 채 되돌아갈 수는 없었다. 어찌 되었든 제자의 비행을 엄중히 나무라고 관용을 베풀어 녀석의 체면을 봐서 교실에 다시 붙잡혀 오는 것만은 면하게 해 준 너그러운 미래 스승의 모습을 보여 주고 싶었다. 추격은 하되 체포는 하지 않는다는 신조를 애당초 염두에 둔 사람처럼 먼지만 뽀얗게 남기고 사라져가는 그 녀석을 이쯤에서 놔 주기로 했다. 추격의 고삐를 늦추었고 가쁜 숨을 추스르기 시작했다.

그런데 기적이 일어났다. 산등성이를 넘어서고 모두의 시야에서 사라진 둘만의 무대에 이르자 녀석이 달리기를 멈추고 순순히 내 앞으로 고개를 숙이고 들어오는 것이 아닌가. 중생의 큰 죄를 사해 주겠다는 성인의 모습을 한 그 녀석은 내게 이 말을 던졌다. "내가 선생님이니까 특별히 잡혀 주는 겁니다." 다행히 치욕스러운 역사의 현장을 우리 둘 말고는 아무도 목격하지 않았고, 나는 녀석의 신원을 확보해서 나의 사랑스러운 제자들이자, 한낮의 레이스에서 나를 열광적으로 응원한 팬들의 품으로 돌아올 수 있었다. 20년 전의 일이지만 아직도 나에게 순순히 귀순한 그 녀석의 처분이 고맙고 또 고맙다.[20]

이 대목을 읽으면서 박균호 유머라면 국경을 넘을 수 있겠다고 확신했다. K-컬쳐의 선풍 덕에 요즘은 전 세계가 한국의 별의별 일을 다 궁금해한다. 게다가 비교적 잘 알려진 시울이나 대도시가 아니라 시골 중학교의 풍경이라니. 외국인들의 호기심을 더욱 자극할 만하다.

이 글을 읽으면서 이탈리아 작가 조반니노 과레스키가 1948년에 발표한 소설 『돈 까밀로와 뻬뽀네』가 떠올랐다. 이탈리아의 한 시골 마을 이야기였고, 40여 년 전 그 책을 읽을 때도 이미 출간된 지 40여 년 지난 책이었다. 소설 속 그 시절 그곳이, 1980년대 한국에서 고등학교를 다니던 나와 무슨 맥락이 닿아 있었을까. 그런데도 시종 낄낄대며 그 책을 읽었다. 박균호 덕에 오랜 독서의 기억이 되살아났다. 그렇다면 반대로 이탈리아 독자들도 박균호의 이 글을 읽고 충분히 공감하고 웃을 수 있지 않을까.

그 덕분에 이런 생각을 하면서 책을 선별하고 분석해서 서평하는 일뿐 아니라 서평하는 분들을 세상에 널리 알리는 일도 의미가 있겠다는 생각이 들었다. 일종의 메타평론이라고 할 수 있을까. 서평가를 평론의 대상으로 만들어 세상에 추천하는 것이니까. 서평가의 역할은 책을 세상에 알리는 것인데, 그 서평가를 세상에 알리는 역할을 할 수 있다면 그가 소개하는 다양한 책에 나도 기여하는 셈이 될 것이다. 이런 일은 나처럼 경력이 긴 서평가가 잘할 수 있고, 어쩌면 반드시 해야 하는 일이겠다는 생각이 들었다.

내가 아무리 열심히 책을 읽는다고 해도 매일 한 권씩의 책을 읽고 서평을 써서 세상에 알린다면 기껏 연간 365권밖에 되지 않는다. 우리나라엔 연간 7만 종이 넘는 책이 쏟아져 나오는데 말이다. 하지만 만약 내가 책을 소개하듯이 믿을 만한 서평가 100명을 세상에 추천하면 그리고 그들이 연간 100권 정도의 책만 거론한다고 해도, 나는 연간 1만 권의 좋은 책이 세상에 알려지고 독자에게 발견되도록 하는 일에 관여하는 셈이 된다.

해 볼 만한 가치가 있는 일이겠다는 생각이 들었다. BC저작권에이전시 홍순철 대표와 출판도시문화재단 장동석 사무처장에게 처음 서평가 활동을 권유했던 것처럼, 25년 넘도록 늘 함께 출판계의 의제를 논의하고 서로를 격려하며 살았던 것처럼, 홍순철·장동석과 힘을 모아 출판평론가 김미향을 응원하고 있는 것처럼, 앞으로 더 많은 서평가가 활동할 수 있도록 뭔가 더 구체적인 활동을 해야겠다고 결심했다.

{ 6 }
독자도 언젠가는 서평가가 된다
서평가로 데뷔한 명랑한 독자 김윤정

"네? 아직도 글쓰기를 배우러 다닌다고요?"

김윤정 씨를 처음 만난 것은 파주중앙도서관에서였다. 2017년 봄 『독서만담』을 펴낸 박균호 작가의 북토크 행사가 열렸는데, 김윤정 씨가 그곳에 청중으로 왔다. 맨 앞에 앉아 어찌나 경청을 하고 말 한마디 한마디에 반응이 좋은지 사회자로 무대 위에 있던 내내 큰 힘을 얻었다. 북토크 행사가 끝나고 그에게 얼른 다가가 이어질 행사 관계자들의 식사 자리에 함께 가자고 제안했다.

강연 때 얼핏 보고 느꼈던 대로 그는 밝고 명랑한 성격의 소유자였다. 유치원 선생님이었는데 결혼과 육아로 경력이 중단된 상태이고, 독서를 좋아하고 어려서부터 작가의 꿈이 있어 얼마 전부터 글쓰기를 배우는 중이라고 자신을 소개했다. 서로 연락처를 주고받았고 페이스북 친구를 맺어 가끔 안부를 물었다. 그렇게 세월이 흘렀다.

그러던 어느 날 김천에 사는 박균호 작가가 페이스북에 "육회가 먹고 싶다"고 썼고, 그걸 본 나는 농담처럼 함께 광장시장에 가자고 댓글을 썼다. 그런데 그걸 본 김윤정 씨가 둘의 대화 사이에 들어와 "언제 갈 거냐? 만나는 날을 알려 주면 자신도 나가겠다"고 했다. 언제 밥 한번 먹자는 식으로 별 뜻 없이 안부나 전하던 것이 김윤정 씨 덕분에 갑자기 분위기가 바뀌었다. 박균호 작가는 며칠 후 KTX를 타고 당일치기로 오겠다고 했다.

이렇게 파주중앙도서관에서 처음 만난 지 6년 만에 셋은 육회로 다시 뭉쳤다. 서로의 근황과 안부를 묻다가 김윤정 씨가 아직도 글쓰기를 배우고 있다고 말했다. '소림사 무술도 아니고 득도를 할 것도 아닌데 무슨 글쓰기를 7년이 넘도록 배우기만 할까' 하는 생각이 들었다. 그의 이야기를 듣다가 이런 질문이 떠올랐다.

'글을 배우고 난 다음에는 무엇을 해야 할까?'

작가가 되기를 선망하는 사람은 언제나 많고, 그래

서 글쓰기를 가르치는 프로그램도 많다는 것은 알고 있었다. 그런데 그렇게 열심히 배워서 글을 잘 쓰게 되었다면 그 다음엔 어떤 길을 걸어야 하는지에 대해선 별로 생각해 본 적이 없다. 그저 끝없이 배우기만 하는 것은 낭비가 아닌가 하는 생각도 들었다.

김윤정 씨에게 글쓰기를 배워서 무엇을 하고 싶으냐고 물었다. 그는 명료하게 답하지 않았다. 대답이 명료하지 않다고 해서 그에게 꿈이 없다고 여길 수는 없었다. 취미로 악기를 배우기 시작했다고 해도, 한번쯤은 관객으로 가득 찬 무대를 꿈꿔 보는 것이 인지상정이다. 글쓰기를 7년도 넘게 배우고 있는 사람이 꿈이 없을 리가 없었다. 자신의 책을 펴내고 독자들에게 좋은 반응을 얻고, 우리가 처음 만났던 북토크에서처럼 언젠가는 자신이 무대 위에 서서 청중을 바라보는 꿈을 꾸어 보지 않았을 리 없다. 우리는 인생에서 가장 간절히 원하는 것을 입 밖으로 쉽게 내뱉지 않는다. 너무 소중하고 고스란히 이루고 싶기 때문이다. 셋이서 육회를 먹는 동안 궁리했다. '도장'에서 무려 7년의 글쓰기 수련을 하고 있다는 김윤정을 이제 '무림'으로 이끌어 낼 궁리 말이다.

"김윤정 씨, 이제부터 서평을 한번 써 보시죠. 제가 언론사에 지면을 만들어 보겠습니다."

그때 김윤정 씨가 지었던 표정을 잊을 수가 없다. 기쁨과 두려움, 기대감, 보람 등 여러 감정이 섞인 아주 복잡한 표정을 지었다. 그런 그에게 나는 글쓰기를 7년이나 배웠으면 그걸 써먹는 것이 '도덕적인 행위'라고 농담처럼 말했다.

나는 또 한 번 엄민용 기자를 찾아갔다. 경력이 단절된 주부가 7년의 글쓰기 수련을 거쳐 서평가로 활동하게 되었다는 시작점부터가 너무 매력적이지 않느냐며 새로운 기획을 제안했다. 그렇게 정한 김윤정의 첫 연재 코너명은 「김윤정의 아무짝에도 쓸모없는 책 읽기」다. 김무곤 교수의 저서 『종이책 읽기를 권함』[21] 속의 어느 소제목을 따왔다. 그렇게 2023년 5월 22일 대망의 첫 서평이 신문에 실렸다. 이번에도 도입부를 쓰는 데 고심에 고심을 거듭했다.

> '나는 독서 중의 독서, 구극究極의 책 읽기는 '아무짝에도 쓸모없는 책 읽기'라고 생각한다."(김무곤, 『종이책 읽기를 권함』 중에서)
> 가정을 이루었고 두 아이를 낳아 키우면서도, 나는 늘 자신의 쓸모에 대해 걱정했다. 하지만 2011년 겨울. 이 짧은 문장 하나가 내 인생을 극적으로 바꾼다. 어떠한

용도도 없는 가장 순수한 읽기라니! '별 의미도 목적도 없이 읽는 행위' 위에는 시간이 나이테처럼 축적됐다. 그러다 어느 순간 임계점을 지나면서 나는 진정한 풍요로움을 맛볼 수 있었다. 이제 그 이야기를 쓴다.

서평은 1년 2개월 동안 격주로 총 23회 연재되었다. 2024년 7월 8일부터는 매체를 『문화뉴스』로 옮겨 연재를 이어 갔는데, 그러면서 코너명을 「김윤정의 고사리 원정대: 사방팔방 날아다니는 활력의 책 읽기」로 바꾸었다. 제목을 교체하면서 도입부도 다시 썼다.

읽고 쓰고 걷는 삶을 살고자 한다. 흔한 일상에서도 기어코 신나는 일을 찾아낸다. 맛있는 것은 나눠 먹어야 하고, 재미난 일은 같이 해야 한다. 봄마다 동무들을 다 데리고 고사리를 꺾으러 가는 바로 그 마음으로 쓴다. 세상 아무도 못 말리는 서평가 김윤정의 명랑한 독서 이야기.

그의 서평이 공개되면서 이전에 없던 새로운 유형의 서평가 출현과 그의 눈부신 활약상에 관한 소문이 출판업계 내부에 신속하게 퍼졌다. 그의 등장을 무척 반기는 분위기였다. '서평가 김성신이 발굴하고 후원하는 서평가'라는 점도 감추지 않았다. 내가 30년 가까운 세월 동안 출판계에서 쌓은 신뢰 자본을 새로운 서평가에게 나누어 주어 그가 쉽게 신뢰를 확보할 수 있도록 만드는 전략을 구사한 것이다. 그 결과 김윤정은 불과 스물세 편의 서평을 통해 독서에 대한 순수한 애정과 문장력을 어느 정도 증명해 보였다. 이 시점에서 명랑하고 활력 넘치는 그의 실제 면모를 서평가 이미지에 덧붙이면 좋겠다고 판단했다.

초기에는 사뭇 진지하고 비장한 느낌으로 그의 지성과 책에 대한 애정을 부각시켰다면, 매체를 옮긴 이후로는 김윤정의 '활력'을 강조했다. 밝고 명랑하고 건강한 이미지가 느껴졌으면 했다. 그것이 지금의 시대 분위기와 맞겠다고 판단했기 때문이다.

당대에 대중들로부터 큰 관심과 주목을 받는 존재들에게는 공통점이 있다. 그 시대에 차고 넘치도록 많은 것들이 아니라 당대의 결핍을 상징적으로 드러낸다는 점이 그렇다. 책도 그렇다. 이명박 정부 시절 마이클 샌델의 『정의란 무엇인가』가 기록적인 판매량을 보이며 베스트셀러가 된 것은 정의가 차고 넘쳐서가 아니라, 정의에 대한 결핍 때문이었다. 사람보다 효율이 중요시되기 시작했고 대중은 이를 두려워했다. 정의가 결핍된 현실이 책에서라도 그것을 찾게 만들었다.

2020년대 초반부터 꾸준히 베스트셀러 목록에 진입해 있는 『불편한 편의점』을 비롯한 힐링 소설의 인기도 바로 '결핍'이란 관점에서 해석이 가능하다. 이 소설들에는 공통적으로 '심플한 온기'가 있다. 사람으로부터 나온 따뜻한 마음이 사람을 향하지만 하나도 복잡하거나 어렵지 않다. 뭔가 심오한 깨달음 따위를 요구하지도 않는다. 맑고 순수한 감동으로 단순하게 치닫는다. 이런 이야기를 그토록 많은 사람이 읽고 싶어 한 것은 지금이 사람을 향한 온기가 차고 넘치는 아름다운 시대라서가 아니다. 정반대로 견딜 수 없을 만큼 차갑고 비정하기 때문이다. 책을 읽는 동안 환상으로나마 잠시 떠올릴 수 있는 따뜻함조차 아쉬운 때다.

서평가 김윤정의 명랑함과 활력에 눈길이 가는 것도 이 맥락에 닿아 있다. 그도 우리가 마땅히 가졌어야 하지만 잃거나 빼앗긴 것들을 상징적으로 보여 준다. 부도덕하거나 비겁하지 않으면서 명랑하게 살기가 참 어려운 시대다. 이런 가운데 서평가 김윤정이 보여 주는 것은 불굴의 명랑함과 활력이다. 이웃집 아이 엄마처럼 평범해 보인지만, 도통 꺾일 줄을 모른다. 맹렬하지만 조금도 사납지 않다. 사납기는커녕 항상 부드럽고 상냥하고 겸손하다. 그의 서평을 읽다 보면 생활상도 얼핏얼핏 엿보이는데, 그는 참 열심히 산다. 열심히 읽고 쓰고 자녀 뒷바라지에도 열심이고 음식 만들기에도 진심이다. 여행도 열심히 다닌다. 고사리를 꺾어 온다며 당일치기로 제주를 오가더니 급기야 SNS에서 '고사리원정대'를 모집해 동지들을 만들어서 함께 돌아다닌다. 누가 몸이 아프다고 하면 반찬을 잔뜩 만들어 직접 가져다주기도 한다. 나도 얻어먹은 적이 있다. 심지어 어느 날에는 남편을 운전기사로 대동해 우리 집까지 와서는 반찬을 대문 손잡이에 걸어 두고 가는 바람에 황송해서 미칠 지경을 만들기도 했다. 그야말로 오지랖으로 세계를 정복하려는 외계 생명체가 아닐까 싶었다. 이런 인간적 면모가 대체 불가능한 그만의 매력이다. 그런 지식인으로서의 김윤정의 정체를 '따뜻하고 명랑한 오지라퍼 서평가'로 만들면 어떨까 생각했다. 새 연재 제목 「김윤정의 고사리 원정대」는 이렇게 나왔다.

 2025년부터는 매체를 『알티케이뉴스』로 한 번 더 옮겨 「서평가 김윤정의 책 읽는 밤」이라는 이름으로 연재 중이다. 서평가 김윤정은 진화와 발전이 엄청나게 빠르다. 그만큼 작가적 전략도 그에 맞춰 빠른 호흡으로

'따뜻하고 명랑한 오지라퍼' 이미지로 계속 변주할 계획이다. 이를 통해 그를 더욱 대중적 영향력이 큰 서평가로서 성장시키고 싶다. 서평가로서 먼저 걸어간 내 경험이 바탕이 되긴 하겠지만 나의 성장 속도나 방식과는 전혀 다른 전략이 동원되어야 할 것이다. 나에겐 아무도 없었지만, 그의 뒤엔 내가 있으니까. 그런 만큼 김윤정 씨가 서평가로서 나보다 훨씬 더 크고 다양한 성과를 이룰 것으로 본다. 기대가 크다.

{ 7 }
서평가가 팬덤을 만드는 방식

'김미옥'이라는 현상

인스타그램에서 '#북스타그램' '#책스타그램' '#북셀피' 등을 검색하면 수백만 개가 넘는 책 관련 포스팅을 볼 수 있다. 10대에서 30대가 주 사용자인 인스타그램에서 게시물이 이 정도로 많다는 것은, '책 사진 공유'라는 행위가 젊은 세대에게 하나의 문화 현상으로 정착한 것이라고 해석해도 무방하다. SNS를 매개로 독서가 놀이화되면서 다양한 방식의 책 놀이가 만들어지고 있다. '북 버킷'은 한때 크게 유행했던 '아이스 버킷'과 유사한 형식으로, '내 인생의 책 10권'을 소개한 뒤에 다음 사람을 몇 명 지목해 참여자를 피라미드형으로 확산시키는 방식의 놀이다. 정해진 시간에 지하철에 모여 책 읽는 모임인 '책 읽는 지하철 플래시몹'이나 약속한 시간에 약속한 카페로 나와 각자 음료를 주문한 후 조용히 책 읽는 모임인 '묵독파티'도 있다. 이런 오프라인 책 놀이는 인스타그램을 기반으로 사진으로 재생산·공유되면서 더 많은 사용자의 관심을 유도하는 소위 확장형 순환 시스템을 형성했다.

SNS는 단순히 재미나 편의를 제공하는 데 그치지 않고 현대인의 일상 깊숙이 들어와 있다. 타인에게 보여주고 싶은 모습만 노출할 수 있다는 점은 우리 삶의 태도까지 바꾸었다. 중년 이상의 사용자는 대개 자신의 실제 일상 일부를 잠시 드러내는 정도로 SNS를 활용하지만, 태어나면서부터 스마트폰을 손에 쥐고 지낸 젊은 세대에게는 'SNS용 인격'이 별도로 존재하기도 한다. 이들에게 SNS는 일상의 부수 도구가 아니라 그 자체로서 완결 구조를 가진 '하나의 거대한 세계'다. 동시에 표현의 세계이기도 하다. 이 세계 속에서 특정한 책 사진은 자신의 지성적 캐릭터를 표현하려는 욕망이자, 그 책을 읽을 만한 수준의 사람들과의 네트워킹을 통해 자신의 존재감을 드러내려는 일종의 인정 욕구일 수 있다.

따라서 이제 책도 디자인, 이미지만으로도 현대인의 욕망을 섬세하게 표현할 수 있는 수준까지 나아가야 한다. 다이슨 사의 창립자인 제임스 다이슨이 말하는 디자인과 엔지니어링이 완전하게 융합한 이른바 '디자이니어링'이 출판에도 필요하다. 현대인에게는 자신의 일상에 스타일을 부여하고, 스스로의 인격을 캐릭터화하며, 생활 전반을 예술화하려는 욕망이 있다. 이들은 SNS를 기반으로 콘텐츠의 생산과 소비와 확산을 동시에 한다. 이런 현대인에게 최적화된 책의 속성과 물성은 과연 어떤 형태여야 하는지, 출판인들은 그것을 계속 찾아 나가야 한다.

2000년대 이후 SNS는 급속도로 영향력을 키웠고, 사회 각 부문의 양상까지 바꾸었다. 특히 사회적 의제의 구축 과정이 달라졌다. 전통적인 언론과 미디어가 영향력을 독점하던 사회적 의제 생산에 개인도 끼어들 여지가 생겼다. '온라인 인플루언서'는 SNS 상에서 여론에 영향력을 발휘하는 개인을 지칭하는 말이다. 그들의 움직임은 과거의 오피니언 리더가 신문이나 방송 등의 대중매체에서 영향력을 행사하던 것과 비슷한 면이 있지만 다른 점도 있다. 오늘날 새롭게 등장한 온라인 인플루언서들은 SNS를 적극 활용함으로써 '의제 생산자'의 역할뿐 아니라 '의제 확산자' 역할도 한다. 과거에 오피니언 리더들은 신문사의 원고 청탁이나 방송국의 출연 섭외라는 일련의 과정을 거쳐 자신의 의견을 피력할 수밖에 없었다면, 오늘날 온라인 인플루언서는 언제 어디서든 SNS를 통해 자신의 의견을 직접 전달한다. 그러면 온오프라인으로 그와 소통하는 수많은 사람이 그의 의견을 '공유'의 방식으로 즉각 퍼트린다. 이는 특정 정보가 엄청나게 빠른 속도로 확산될 수 있음을 의미하며, 동시에 전통적인 언론이 보유하고 있던 '파밍 이펙트'farming effect, 즉 특정 사안에 일정한 프레임을 형성하는 효과와 영향력에서 개인이 완전히 벗어날 수 있게 됐음을 의미한다. 개인의 생각과 기조가 하나의 독립된 언론 기관처럼 기능하게 된 것이다. 흥미로운 것은 전통적인 언론과 미디어는 특정한 채널을 통해서만 메시지를 확산시켰지만, 분산적 네트워크인 SNS 상에는 채널 자체가 없거나 무의미하다. 따라서 어떤 의제가 생산·확산되는 데 그 방향이나 폭을 통제하는 것이 사실상 불가능하다는 특징이 있다.

2020년대 초 우리 출판계에 혜성처럼 나타난 '북인플루언서'가 있다. 바로 김미옥이다. 예순의 나이에 전직 공무원이었던 이 여성이 페이스북에 처음으로 서평을 게재한 때는 2019년이었다. 당시에는 그가 지금 같은 '셀럽'이 될 줄 본인을 포함해서 아무도 예상하지 못했다. 하지만 엄청난 독서량으로 거의 날마다 새로운 서평이 페이스북에 게재되며 입소문이 나기 시작했다. 무엇보다 책과 저자에 대한 엄청난 애정을 바탕으로 쓴 김미옥의 서평은 독자는 물론이고 책을 펴낸 작가들을 감탄하게 했다.

예리한 사회 의식과 뛰어난 현실 감각을 바탕으로 평이한 듯하지만 간결하면서도 핵심을 잘 찾아내서 해설하는 김미옥의 서평은 독자들 사이에서 반향을 일으키며 일종의 팬덤을 만들어 나갔다. 김미옥이 페이스북에 서평을 올리면 단 몇 시간 만에 수백, 많게는 수천의 '좋아요'가 따르고, 그의 서평을 통해 추천받은 책을 구입했다는 인증 사진이 올라왔다. 그의 독서 편력은 다양해서 문학·인문·시사·과학까지 분야를 가리지 않는다. 그가 거론하면 실제로 책 판매에 영향력이 생기기도 하는 만큼 출판계에서도 반기는 분위기다.

연예인이나 정치인 등 유명인사들이 대중의 독서에 영향력을 미치는 경우는 종종 있다. 2023년에는 아이돌 스타 장원영이 베스트셀러 목록을 흔들기도 했다. 하지만 서평가로서 SNS를 기반으로 지속적으로 활동하면서 이만큼 큰 영향력을 만들어 낸 사람은 김미옥 이전에는 없었다. 따라서 이를 '김미옥 현상'이라 명명하고 다각도에서 좀 더 깊게 살펴볼 필요가 있다. 그의 서평은 어떻게 이런 이례적인 팬덤을 형성했을까?

서평가가 일종의 사회적 위상을 가지면 책 읽는 자신의 지식을 자랑하고 과시하는 경우가 많다. 남보다 책을 많이 읽거나 중요한 저작을 타인보다 앞서 접하는 경우 지적인 우월감이 생기는 것은 인지상정이다. 하지만 대중 입장에서는 누군가의 우월감을 대할 때마다 열등감이나 패배감을 느낄 수 있다. 이런 관계는 피곤하다. 서평가가 대중적으로 폭넓은 인기를 얻기 힘든 이유 중의 하나다.

반면 김미옥은 자신의 지식을 과시하거나 우월감으로 표현하지 않는다. 그저 자신이 먼저 읽고 매료된 책과 작가를 독자들에게 전달하려고 노력한다. 그것뿐이다. 책에 대해 말하지만, 문체는 이성적이고 차갑기보다 감성적이고 뜨겁다. 지식인 특유의 잘난 척이 하나도 없다. 지적 수준으로 윽박지르지 않고 함부로 가르치려 들지도 않는다. 오로지 책을 향한 순수한 열정으로 서평을 쓴다. 그렇게 따뜻한 인간적 면모를 바탕으로 책과 독서를 사랑하는 사람들 사이에서 신뢰를 쌓아 갔다. 시대가 바뀌었고, 대중이 원하는 지식인의 모습이 어떠해야 하는지 김미옥은 정확하게 이해하고 있었다.

한 가지 흥미로운 것은 김미옥 열성 지지자 중에는 글쓰기를 배우는 작가 지망생과 아직 크게 주목받지 못한 신진 작가가 많다는 점이다. 김미옥은 자신의 책 선택의 기준을 두고 "을들의 반란을 위한 독서"라 부른다. 이름 있는 작가나 베스트셀러 작품보다는 알려지지 못한 작품, 주류의 평단으로부터 외면당한 비주류 작가들에게 특별한 애정을 가지고 집중한다는 의미다. 그는 자신의 팬덤이 요구하는 바를 정확하게 이해하고 있기도 하다.

김미옥이라는 희대의 서평가가 등장해 만들어 가는 사회적 현상을 출판계는 앞으로도 눈여겨보며 성실하게 연구할 필요가 있다. 냉랭한 독자를 뜨거운 팬으로 변모시키는 김미옥 서평가와 같은 존재를 앞으로 우리 출판계가 많이 배출해 낼 수 있으면 좋겠다. 그럴 수 있으리라 믿는다.

{ 8 } 서평으로 양성한 1990년대생 지식인 연대

비평연대 프로젝트

"선생님, 1차 서류 심사와 2차 마케팅 기획서 작성 심사까지 통과했습니다. 이제 마지막으로 대표님 면접만 남았습니다."

"그래, 고생 많았다. 네가 그리도 원했던 출판사니 마지막까지 최선을 다해서 입사에 성공했으면 좋겠구나."

"그래서 뭐 하나 여쭤 보고 싶은 것이 있습니다. 선생님 바쁘신 것 알면서도 이렇게 마구 들이대네요. 죄송합니다. 근데 제가 지금 너무 절박해서요. 면접을 위해 제가 당장 뭘 어떻게 준비하면 될까요?"

"…… 너는 이미 답을 알고 있는 것 같은데? 방금 네가 말했거든!"

"네? 제가요?"

"응!"

"······혹시 절박하다고 말씀드린 것?"

"비슷해. 내가 생각한 건 그 앞 문장이야. '마구 들이대고 있다'는 그 말."

"아!"

"네가 지금 들어가려고 애쓰는 그 출판사의 대표는 경영자이기도 하지만 문학박사고 비평가이기도 하거든. 지식인이라는 거지. 그렇다면 공부 많이 한 사람들의 약점이 뭘까?"

"공부 많이 한 사람들의 약점이요? 글쎄요······"

"그들은 시험을 쳐서 어떤 자격을 획득하는 것은 잘 하지만, 그렇기 때문에 남에게 아쉬운 소릴 해 본 적이 별로 없지."

"아! 무슨 말씀인지 이해가 가요. 저는 마구 들이대는 걸 할 수 있을 만큼 뻔뻔하군요. 사실 그거 빼 놓곤 제가 가진 것도 없죠. 히히~"

"하하~ 그렇지! 너는 필요한 것이 있으면, 이것저것 따지지 않고 일단 다가가서 그걸 달라고 하거든. 나중에 갚겠다고 큰소리 뻥뻥 치면서 말이야. 나한테 찾아올 때도 그랬잖아. 그냥 무작정 와서 도와달라고 했지."

"그러니까 면접에서 저의 뻔뻔한 면모를 적극 어필하라는 말씀이시군요."

"그 회사에 가장 없을 법한 것을 바로 네가 가지고 있는 거니까."

"정말 끝내주는 전략입니다. 이제 쫄지 않고, 면접에 임할 수 있을 듯합니다. 선생님! 이 은혜는 꼭 갚겠습니다!"

"그래서 뭘로 갚을 건……"

또로롱(통화종료음)

2019년 갓 스무 살을 넘긴 친구들을 다양한 방면의 문화비평가로 육성하려고 '비평연대'라는 커뮤니티를 만들었다. 오늘날 웹소설·웹툰·게임·영상 콘텐츠·AI 콘텐츠 등등 이전에 없던 새로운 유형의 콘텐츠가 쏟아져 나오고 있다. 이것들은 상상하기도 힘들 만큼 빠른 속도로 거대한 시장을 만들었고, 지속 가능한 생산과 소비의 순환 생태계를 형성하기도 했으며, 이로써 대중에게 지대한 영향력을 행사한다. 그렇다면 이 새로운 문화에 대한 연구는 대학에서만 할 수 있을까? 물론 그 과정도 필요하겠지만, 현장 비평이 시급하겠다는 생각이 들었다. 석·박사 과정을 거친 학자나 연구자가 해도 좋겠지만 그보다 그 콘텐츠를 직접 생산하거나 소비하는 세대가 하는 것도 필요하겠다고 생각했다.

그런데 그러려면 풀어야 할 숙제가 있다. '20대 초반의 청년들에게 비평 능력이 있는가?' 나아가 '그들에게 어떻게 비평가로서의 권위를 부여해 줄 수 있을까?' 이런 문제를 놓고 고민했고, 고민 끝에 '서평'이라는 형식의 글이 가진 특별함에 생각이 미쳤다.

일반적인 글이라면 독자는 필자의 자격을 묻는다. 그 자격에 대한 확인을 통해 그가 쓴 글이 믿을 수 있고 읽을 만한 것인지 가늠한다. 하지만 서평에서는 필자의 자격을 별로 따지지 않는다. 책을 읽었다면 누구라도 그 책에 대해 말할 권리가 생긴다. 서평에서는 필자보다 책이 주인공이기 때문이다. 게다가 서평에는 특별한 형식이 없다. 책 내용에 대한 소개나 분석으로 내용을 채워도 좋고, 책에 나온 문장 한 줄이나 단어 하나를 놓고 개인의 감상이나 경험을 써 내려가도 된다. 다루는 책이 흥미롭고 책을 다루는 글만 좋다면 서평의 독자는 글쓴이의 자격을 그다지 따지지 않는다. 오랫동안 다양한 매체를 통해 서평가로 활동해 온 덕에 이런 점을 잘 알고 있었다. 이런 생각으로, 지식인으로 성장하기 원하는

20대들이 서평을 쓰게 할 아이디어를 구체화하기 시작했다. 2018년쯤이었다.

국악을 전공하고 학교에서 공연 비평 동아리를 만들어 활동한 친구·대학 재학 시절 이미 웹소설가로 유명해진 이후 웹소설 비평을 시도하던 친구·게임을 비평의 대상으로 삼고 싶어 한 친구·광고를 비평의 대상이라고 생각한 친구. 이렇게 네 사람을 한자리에 모았다. 나와의 인연이 각기 달라 서로 모르는 사이였지만, 비슷한 또래라 서로 정중하면서도 편하게 소통했다. 이들의 나이를 보니 한 명은 1995년생이고, 나머지 세 사람은 1996년생으로 동갑이었다. 그래서 대충 갖다 붙인 이름이 '956 비평연대'였다. 2021년 이 명칭은 '956789 비평연대'로 바뀌었다. 1997·1998·1999년생이 계속 합류했기 때문이다. 그렇게 구성원의 수가 계속 불어났다. 2024년에는 2001년생도 합류했고, 최고 연장자는 1993년생이다. 어느 순간부터는 모임 이름 속 숫자는 의미가 없어져서 '비평연대'로 부른다.

비평연대에는 특별한 가입 조건은 없고, 추천제로 가입할 수 있다. 기존 멤버가 추천하고 둘 이상이 동의하면 된다. 가입과 탈퇴가 매우 쉽고 자유롭다. 그만두고 싶으면 언제라도 의사만 표명하면 끝이다. 나는 그들이 가입할 때 함께 식사를 하는데, 그 자리에서 딱 하나의 강령만 지켜 달라고 한다. '서로 경쟁하지 말고 언제나 한편이 되어 주라'는 것. '내 뒤에는 언제나 나의 편이 있다'고 서로 감각할 수 있도록 해 주라는 것이다. 이 강령은 비평은 오롯이 혼자 해야 하는 일일 거라는 기존의 상식을 뒤집어 생각한 결과물이기도 하다.

'서로 경쟁하지 말고 언제나 한편이 되어 주라'고 강조하는 이유는 내가 파악한 이 나라 청년들의 보편적인 삶의 정황 때문이다. 지금의 20대들은 경쟁 속에서 태어나 경쟁 속에서 성장했다고 해도 과언이 아니다. 그 결과로 엄청나게 강인해졌다면 참 좋았겠지만 전혀 그렇지 않다. 지나치게 치열하고 가혹한 경쟁 속에서 살아남으려고 요즘 젊은이들은 작은 실수조차 하지 않으려는 태도를 보이는 경우가 많다. 그래서 얼핏 보기에는 아주 매끄럽다. 딱히 흠잡을 데가 없다는 뜻이다. 기성세대가 제시하는 가혹한 평가를 통해 낭떠러지로 밀려 떨어지지 않으려면 누구에게도 붙잡히지 않을 만큼 매사 매끈하게 행동해야 했을 것이다. 문제는 그러다 보니 청년인데도 과감한 시도나 모험하기를 너무 어려워한다는 점이다. 청년들과 소통하다 보면 매우 똑똑하고 성실하지만, 특별한 꿈이 없거나 포부가 어이없을 정도로 작은 경우를 종종 본다. 취업은 어려운데 퇴사율도 높은 현상을 기성세대로서는 이해하기 어렵다. 오랫동안 어렵게 준비해 입사한 직장을 쉽게 그만두기도 하는 것은 이들이 불성실하거나 현실 감각이 없어서라기보다는 그 직업을 통해 이루고 싶은 사회적 욕망이 작거나 없기 때문일 가능성이 크다. 괜히 큰 포부를 가졌다가 실패하면 나락으로 떨어지고, 한번 넘어지면 복구할 수 없을지도 모른다는 공포심이 배경이다.

대학에서 인연을 맺은 제자 가운데 출판사 취직을 희망하는 이들에게 취업을 주선하거나 추천하며 20년 가까이 돕다 보니 20대 초반의 젊은이들과 대화할 기회가 자주 있었고, 이들이 처한 삶의 정황을 조금은 이해할 수 있었다. 그래서 이들이 '비평연대'라는 이름으로 활동하는 동안만큼이라도 마음 놓고 도전하고 과감하게 모험할 수 있는 심리적 여건을 만들어 주고 싶었다. 비평이라는 고도의 지적 행위가 그 어떤 실수도 없이 단번에 매끄럽게 이루어질 수는 없다. 그러니 마음 편히 실수도 하고 다양한 실험도 해 보며 좌충우돌할 수 있도록 배려해 줘야 한다고 생각했다. 나는 비평연대의 젊은 비평가들에게 늘 말한다.

"비평연대는 학교나 훈련소 같은 곳이 아니다. 따라

서 나도 선생이 아니다. 그보단 야전사령관에 훨씬 가깝다. 나는 여러분을 실전에 투입할 것이기 때문이다. 일부러 사지로 몰아 넣지야 않겠지만 지식인 사회라는 이름의 전장에서 비평가라는 이름으로 살아남는 건 오로지 자네들 몫이다. 그러니 실전을 통해 비평가로 그리고 이 사회 지식인의 일원으로 단단하게 성장할 수 있기를 바란다."

이런 뜻을 함께한 언론인들이 있다. 전 『스포츠경향』 편집국장 엄민용, 『인터뷰365』 대표 김두호·편집국장 김리선, 『더벨뉴뉴스』 발행인 이민주, 『알티케이뉴스』 대표 남기두, 월간 『쿨투라』 발행인 손정순. 모두 비평연대의 든든한 언론계 후원자다. 이들의 강력한 지지와 지원 덕에 비평연대 구성원들은 비평가로 이름을 걸고 활동을 지속할 수 있는 연재 지면을 확보했다.

이렇게 확보한 지면을 통해 나는 '숏평'이라는 독특한 형식의 서평을 선보였다. 숏평은 매주 자신이 읽은 책 한 권을 200자 원고지 5매 내외로 짧고 밀도 높게 소개할 수 있는 서평이다. 대세인 숏폼 콘텐츠에 대응하는 형태다. 짧기 때문에 한 지면에 여러 비평가가 동시에 글을 실을 수 있다. 이렇게 하니 서로의 서평을 읽으며 배우고 얻는 것이 많다. 늘 동료 비평가를 인식하고 글을 써야 하기에 각각의 발전이 빠르다. 독자 입장에서는 칼럼 한 편에서 여러 권의 책을 소개받으니 풍성함을 느낀다. 필자는 모두 20대 젊은이들이지만 현직 출판인의 비율이 절반 이상이다. 독서 취향은 제각각이지만 하나같이 책을 선별하는 능력이 좋고 소개하는 문장의 수준이 높다. 숏평은 『스포츠경향』 문화면에서 시작했고, 이후 『문화뉴스』와 『MHN스포츠』를 거쳐, 2025년 2월부터는 『인터뷰365』에서 연재하고 있다. 『인터뷰365』는 『스포츠서울』 편집국장·『스포트투데이』 전무·한국영화평론가협회 회장을 역임한 저널리스트 김두호 대표가 2007년에 창립한 인터뷰 전문 온라인 언론사다. 제4회 대한민국 인터넷대상 최우수상을 받았을 만큼 공신력을 가진 매체이기도 하다.

    비평연대 구성원들은 숏평을 비롯한 서평 연재 기획에 의무적으로 참여해야 하는 것은 아니고 원하면 참여하되 언제든 그만둘 수 있고 다시 합류할 수도 있다. 20대 젊은 나이라 신변에 변화가 많기 때문에 유연하게 운영하는 중이다. 숏평 연재에는 구성원의 절반 정도가 참여하고, 3~5명씩 4개 조로 나누어 돌아가면서 매주 지면을 맡는다. 한 사람이 한 달에 한 편 정도의 서평을 발표하는 셈이다.

이런 활동을 통해 젊은 비평가들의 이름이 매체에 계속 등장한다. 필자 프로필 사진과 함께 각자의 이름 옆에 '문화비평가' '도서칼럼니스트'라는 호칭도 표기된다. 네이버 등 포털 사이트에서 이들의 이름으로 뉴스를 검색하면 그간 쓴 서평이 보인다. 비평가 자격으로 언론에 공개한 글이 이렇게 쌓이면 이것은 일종의 신뢰 자본으로 작동한다. 20대 젊은 지성이 지식인 사회의 일원으로 사회적 발언권을 가지게 되고, 발언의 위력이 날로 더 높아진다. 이를 위해 꾸준히 생산한 지적 산물을 언론이라는 공공의 영역 위에 차곡차곡 쌓는 것이다.

짧은 서평이지만 초기에는 대다수가 자신의 서평 문체에 자신 없어 하고, 필자라고 크게 들어간 사진이나 서평가라는 호칭에 부담스러워했다. 하지만 다들 놀라울 만큼 빠르게 적응했고 숏평을 통해 서평 실력을 입증한 뒤에는 또 다른 매체에서 자신의 이름을 내걸고 연재를 이어 갔다. 『월요경제』의 「맹준혁의 한 장 서평」, 『더벨류뉴스』의 「박소진의 오늘 고민 해결책」 「황예린의 Cool북!」 「막케터 김정빈의 신입 해결책」, 『알티케이뉴스』의 「이승진의 탐; 매혹하는 공간」 「윤인혁의 서필귀정」 등이 비평연대 젊은 비평가들의 연재 코너다. 이 모든 활동이 이들이 이후 지식인으로서 활동 반경을 넓혀

갈 수 있는 자격과 근거로 유용하게 활용될 것이라고 확신한다.

비평연대 참여 인원은 매년 빠르게 늘고 있다. 그런데 스무 명이 넘으면서부터는 이 젊은 비평가들의 뒷바라지를 혼자서 감당하기에 한계가 있었다. 그래서 2022년부터 문학평론가 허희 선생이 취지에 공감하며 이들의 멘토가 되어 주었고 정기적인 세미나와 토론회 등으로 이들을 도왔다. 2024년에는 '비평연대 가디언즈'라는 이름으로 후원그룹을 구성했다. 한 해 전 흥행했던 영화 『가디언즈 오브 갤럭시』에서 '후견인'이라는 의미가 있는 가디언즈라는 명칭을 따왔다. 코미디언 겸 서평가 남정미·출판평론가 김미향·건축가 백희성·소설가 고 정아은·아나운서 겸 커뮤니케이션학자 정용실·변호사 겸 작가 정재민·공연 비평가 겸 에세이스트 최여정·문학평론가 허희·저작권에이전시 대표 겸 북칼럼니스트 홍순철까지.(가나다순) 현재 대한민국 지성계에서 가장 활발하게 활동 중인 이 아홉 분이 젊은 비평가들의 활동을 지켜보며 멘토 역할을 한다. 비평연대 구성원과 가디언즈가 모두 모여 있는 오픈채팅방에서는 각각이 발표한 최신 서평이나 활동상을 공유하며 서로를 응원한다. 이렇게 일상적으로 교류하는 가운데 비평연대 소속이라면 가디언즈 누구에게라도 쉽게 조언이나 도움을 청할 수 있다. 구성원 수가 많아 오프라인에서 자주 모일 수는 없지만, 매년 연말이면 모두가 한자리에 모여 소통하고 교류하는 자리를 만들고 이를 정례화할 계획이다. 아이 하나를 키우는 데 온 마을이 필요하다고 했는데, 딱 그 모양새다. 가디언즈 자격으로 참여하는 분들도 20대 젊은 지성들과의 교류를 통해 자신들이 얻는 것이 더 많다는 반응이다. 일방적으로 도움을 주거나 받는 관계가 아니라, 서로가 서로에게 도움이 되는 평등한 관계다. 이로서 지속가능성이 생긴 것이다.

"너 며칠 전에 나하고 통화할 때 은혜 갚겠다고 했는데, 뭘로 갚을 건데?"

내가 추천한 출판사에 취업하려고 면접을 보고 왔던 그 친구와 며칠 후 다시 통화했다.

"제가 뭘로 갚을 수 있을까요?"

"복수는 당사자에게 되돌려주는 거지만, 은혜는 꼭 당사자에게 되돌려주지 않아도 돼. 오래전이지만 내 청춘의 시절, 결정적인 순간에 아무런 대가 없이 날 도와준 사람이 있었어. 나는 그때 그분에게 내가 받았던 것의 일부를 너한테 준 거거든. 그러니 내가 너에게 보인 이 관심을 만일 네가 은혜라고 여긴다면, 너도 나중에 다른 사람에게 똑같이 해 주면 돼. 너의 관심과 힘이 필요한 사람에게."

"……"

잠시 침묵이 지나간 뒤 그가 입을 열었다.

"태어나서 지금까지 제가 한 일 중에 출판인이 되겠다고 선택한 것이 가장 잘한 일인 것 같습니다. 출판은 이런 곳이었네요. 고맙습니다."

그는 그 입사 면접을 통과했고 열렬하게 소망했던 출판인이 되었다. 그리고 비평연대에서도 활발하게 활동 중이다. 그는 학창시절부터 작가가 되는 것이 꿈이었다고 했다. 이제 그 길도 안내해 주려고 한다.

2024년 11월 2일 비평연대 송년회 및 후원의 밤을 열었다. 2019년에 발족한 뒤 5년 만에 연 첫 행사였다. 출판사 대표를 비롯해 출판계 주요 인사들을 초대했고 많은 분이 기꺼이 참석했다. 초대의 말에서 장차 대한민국 출판계를 이끌어 갈 젊은 지성인들을 우리가 힘을 모아 함께 도왔다는 증거를 선물로 드리겠다고 했다. 이 농반진반의 말에 출판인들은 모두 유쾌하게 응했다. 행사 개회를 선언하며 나는 다음과 같이 말했다.

"안녕하세요. 출판평론하는 김성신입니다. 저는 오늘 왜 이런 일을 저질렀을까요? 출판사에 입사한 것이

1994년이니까, 올해로 딱 30년입니다. 출판인으로 살았던 긴 세월 동안 제가 일관되게 들은 말은 힘들고 어렵고 고통스럽다는 말이었습니다. 하지만 제가 본 출판인들은 힘들고 어렵고 고통스러워도 언제나 열심을 다해 책을 만들었고, 그렇게 끝없이 노력하는 사람들이었습니다. 부자가 되지 못한 실망보다는, 더 좋은 책을 만들지 못한 것에 대해 훨씬 더 마음을 쓰는, 바로 그런 사람들이 제가 만난 출판인들이었습니다. 지금 이 자리에 함께하고 계시는 여러분들 말입니다. 그런 여러분들과 평생을 함께해 왔다는 사실이 저는 대단히 자랑스럽습니다.

비평연대를 만든 이야기를 들려드리고 싶습니다. 2018년쯤이었습니다. 당시 큰 인기라는 웹소설을 읽다가 문득 이런 생각이 들었습니다. 굉장히 재미있는데, 이게 왜 재미있는지를 내가 지금 가지고 있는 비평적 문법으로 규명할 수 있을까? 또 그 작가에게 조언해 줄 수 있는 말이 있는지를 스스로 물어 봤습니다. 쉽지 않겠다는 생각이 들었습니다.

그때 저는 한 가지 실험을 해 보기로 했습니다. 제자인 박소진에게 같은 작품을 읽어 보라고 했습니다. 소진이는 지금 비평연대 최고참으로, 지금 이 앞에 앉아 있는데요, 대학생 때부터 필명으로 쓴 웹소설이 책으로도 출간될 정도로 유명한 작가입니다. 소진이는 몇 시간 되지도 않아서 제가 준 소설의 장단점을 분석했고, 흥미로운 요소와 작가의 가능성까지 설명했습니다.

저는 그때 영감을 받았습니다. 기성 비평가들에게 새로운 콘텐츠에 대한 비평을 기대하고 요구하기보다는 그 문화를 직접 만들고 향유하고 있는, 같은 세대의 젊은이들에게 비평가의 자격을 주고 활동할 수 있는 장을 제공하는 것이 훨씬 가능성 있는 일이겠다고 판단했습니다.

문학평론이야 등단의 시스템이 있지만, 문화평론은 정식화된 길이 없습니다. 그러니 누구나 될 수도 있겠지만, 아무나 될 수 있는 것도 아니란 의미죠. 그래서 이건 제가 할 수 있는 일이란 생각이 들었습니다. 세상에 필요한 일이고, 충분히 내가 할 수 있는 일인데, 그것을 하지 않는 것은, 부도덕한 일이겠다는 생각도 들었습니다.

비평연대는 그렇게 해서 시작되었습니다. 처음엔 제자인 소진, 아내의 제자인 혜리, 벗의 자제인 인혁, 출판사에 입사한 조카 현구. 이렇게 넷이 시작했고, 이들의 비평 활동을 보며 함께하고 싶어 하는 젊은이들이 하나둘 늘어났습니다. 지금도 계속 늘고 있습니다. 이들은 현재 서평부터 다양한 문화비평에 이르기까지 여러 분야에서 이전에 없던 새롭고 신선한 감각을 선보임으로써 출판계뿐 아니라 문화콘텐츠산업 전체의 주목을 받고 있습니다.

시대가 지성을 가진 사람들에게 융합과 연대를 요구하고 있다는 생각이 듭니다. 기꺼이 서로 섞이고 뭉침으로써 더 나은 세상을 만들라는 요구로 들립니다. 비평연대는 스스로 '지성'이고자 하는, 그런 의지를 가진 젊은이들이 모인 커뮤니티입니다. 이들은 책을 읽고 해석하고 글을 써서 세상에 보냅니다. 콘텐츠와 대중을 연결하는 마이크와 스피커 역할을 하며, 이렇게 지성으로서의 사회적 책임을 다하려고 부단히 노력하고 있습니다.

우리 비평연대에는 단 하나의 강령밖에 없습니다. 그것은 바로 '경쟁하지 않고, 한편이 된다!'는 것입니다. 나의 뒤에는 언제나 날 전적으로 지지해주는 '한편'이 있다는 감각을 가지고 든든한 마음으로 비겁이 없는 삶, 정의롭거나 용감해도 쉽게 다치거나 죽지 않는 삶, 젊은 지성들이 바로 이런 길을 걸을 수 있도록 하자는 취지입니다. 이것이 비평연대의 존재 이유입니다.

그리고 이런 취지에 공감하며 눈부시게 아름다운

젊은 지식인들의 뒤에 서서 기꺼이 한 편이 되어 주겠다고 하신 분들이 계십니다. 바로 '비평연대 가디언즈'입니다. 안내장에 적힌 명단을 보시면 아시겠지만, 모든 분이 현재 대한민국 지성의 최전선에서 멋지게 활약하고 계시는 분들입니다. 이분들이 젊은 지성들의 성장을 지켜봐 주고 계십니다. 이 자리를 빌려 가디언즈 분들께 깊은 존경의 마음을 표합니다.

오늘 젊은 지성들의 연대를 지지하고 축복하고자 이 자리를 함께하시는 여러분께도 깊은 존경과 감사를 드립니다. 앞으로도 계속 지켜봐 주시고 응원해 주시고, 사랑해 주십시오. 여러분 모두가 비평연대와 비평연대 가디언즈를 지켜 주시는 '대한민국 출판의 가디언즈'가 되어 주시리라 믿습니다.

이제 비평연대와 비평연대 가디언즈 송년회 및 후원의 밤 행사의 개회를 선언하니, 부디 오랫동안 잊지 못할 만큼 행복하고 보람 있는 시간 보내시길 바랍니다. 감사합니다."

2025년 4월 기준 비평연대에서는 박소진, 윤인혁, 김현구, 공혜리, 황예린, 최지연, 김정빈, 이승진, 맹준혁, 현다연, 신예림, 김재훈, 최상현, 김상화, 이수련, 김

선진, 배희주, 정수빈, 강민지, 문소윤, 서민서, 설명문, 이솔림(가입순)까지 총 23명의 젊은 비평가가 활동하고 있다.

{ 9 }
서평가의 미래와 미래의 서평가
더 많은 서평가가 필요한 이유

출판사는 신간을 내면 언론사와 서평가에게 홍보용 도서를 보낸다. 그 책은 출판인들의 피와 땀이다. 처음 출판사로부터 홍보용 도서를 받았을 때를 잊을 수가 없다. 대한민국 출판계로부터 인정받았다는 의미로 느껴졌기 때문이다. 하지만 책 받는 것이 일상이 되면서 그런 감동이 계속 유지되지는 않았다. 책 봉투를 뜯는 일조차 고단하고 귀찮게 느껴질 때도 있다. 또 어떤 책이 새로 나왔을까 궁금해하며 두근두근하던 마음이 어느새 연기처럼 사라져 버린 거다.

이제 막 제본되어 서점에 깔리지도 않은 최신간이 온라인 중고서점에 매물로 나와 있는 걸 보고 깜짝 놀란

적이 있다. 판매자의 판매 도서 목록을 살펴보니 며칠 사이 우리 집으로 배송된 홍보용 도서들과 거의 일치했다. 나처럼 출판사로부터 책을 받는 언론사의 문화부 출판 담당 기자이거나 서평가일 것이 분명했다. 그러니까 홍보용 도서 배포 대행사로부터 책을 받은 뒤에 봉투를 개봉함과 동시에 온라인 중고서점에 올린 것이다. 이건 뭐랄까. 참혹하달까. 나를 향해 웃고 있는 사람의 얼굴에 침을 퉤하고 뱉는 일처럼 느껴졌달까. 순간 그런 짓을 하고 있는 그이의 마음이 보였는데 너무 끔찍했다.

홍보용 책을 팔아먹으면 출판사는 그 책의 제작비만큼만 손해를 보는 것이 아니다. 제작비와 배송비에 더해 새 책 한 권이 판매될 가능성도 함께 잃는다. 이중삼중의 피해가 생기는 셈이다. 쉽게 말해 내가 구입한 책을 되파는 것과는 달리 무상으로 제공받은 홍보용 책을 중고로 판매하는 것은 남의 재산을 훔치는 도둑질과 다름없다. 그가 그 책을 홍보했을 리도 없다. 책이 도착하자마자 그날로 중고책방에 내 놓았으니 읽기는커녕 검토조차 하지 않은 것이다.

보통 홍보용 도서는 책등이나 면지에 '드림' 도장을 찍어서 비매품으로 취급한다. 서구에서는 책의 한쪽 면을 절단하지 않아 제본이 미완성인 상태인 도서를 홍보용으로 별도 제작하기도 한다. 하지만 온라인 중고서점에서 사고 파는 당사자들이 이를 묵과하면 홍보용 도서의 중고거래를 막을 방법이 사실상 없다. 서점에 깔리기도 전에 홍보용 도서를 중고로 팔겠다고 내놓은 이들은 이런 허점을 잘 알고 있는 것이다.

아무리 좋은 일도 반복되면 무감각해진다. 출판사로부터 홍보용 도서를 제공 받는 일도 그렇다. 무감해지다 보면 어느 순간부터 후안무치해지기도 한다. 이렇게 증정받은 책을 되파는 것뿐 아니라 알량한 서평 좀 쓴답시고 그 자격으로 남의 귀한 책을 받아 자기 잘난 척하는 데에나 사용하는 것도 마찬가지다. 서평의 본질은 책(또는 저자)과 독자를 잇는 것이다. 이 일을 잘 하려면 대상에 대한 존중이 있어야 한다. 책과 그 책을 쓴 이 그리고 독자에 대한 존중 말이다. 그런 마음이 없다면 아무리 화려한 글 솜씨를 동원해 책에 대해 떠들어도 결코 좋은 서평가라고 할 수 없다.

책을 많이 읽는다고 해서 반드시 훌륭한 인간이 되는 것은 아니다. 히틀러도 스탈린도 유난스러운 독서가였다. 독서를 막연히 몸에 좋은 보약 취급하는 경우가 많지만 그렇지 않다. 독서에는 실체적인 위력이 있어서 잘못된 철학이나 생각을 더욱 단단하게 만들기도 한다.

히틀러과 스탈린이 성실한 독서가가 아니었다면 그 시절에 사람이 훨씬 덜 죽었을 거라는 말도 있다. 정말 그렇다. 사람을 죽이는 방법도, 대량으로 학살하는 논리도 독서를 통해 얻을 수 있다. 아마 그들은 그랬을 것이다. 아이러니하지만 독서 악용의 사례는 독서의 위력을 훨씬 선명하게 드러낸다. 책을 권하면서도 이 점을 염두에 두어야 한다. 서평은 책이라는 지렛대를 활용해 많은 사람의 가치관에 영향을 미칠 수 있는 일이다. 가치관이 올바르지 않은 사람이 서평을 쓰면 그 자체로 세상을 해치는 일이 될 수도 있다.

세상에 나쁜 책이 뭐가 그리 많겠으며 책 한 권 권하는 게 얼마나 큰 잘못이 될 수 있겠느냐고 생각할 수 있겠지만, 책이 가진 위력을 얕잡아보는 단견이다. 세상에는 나쁜 책도 많다. 그런 책을 권하는 나쁜 서평가가 되지 않도록 늘 신경 써야 한다. 서평의 핵심은 저자와 독자를 향한 존중이다. 좋은 서평가가 되고 싶다면 '나는 저자와 독자를 여전히 존중하고 있는가?' 하고 스스로 자주 되물어야 한다.

책의 미래

오늘날 대한민국은 연간 7만 종이 훨씬 넘는 신간이 쏟아져 나오는 출판선진국이다. 출간 종수로만 보면 세계 7~8위이며, 이탈리아·스페인과 순위를 다툰다. 스페인어권의 인구 규모를 생각해 보면 우리 출판 산업이 인구 대비 굉장히 크다는 걸 알 수 있다. 이런 우리의 출판 산업에 긍지와 자부심을 가질 필요가 있다.

어떻게 이런 종수가 유지될까? 독자가 사라졌다고들 하는데 사라진 것이라기보다는 부서지고 흩어진 것이 아닐까? 책 이외에도 책처럼 소비되는 정보와 지식이 엄청나게 많아졌다. 매리언 울프가 『다시 책으로』[22]에서 인용한 캘리포니아주립대학교 샌디에이고캠퍼스 UCSD 정보산업센터 조사에 따르면, 현대인이 하루 동안 소비하는 정보의 양은 약 34기가바이트에 이른다. 이는 10만 개의 영어 단어에 가까운 양이다. 종이책 판매량을 기준으로 삼으면 독자가 사라진 것으로 보이지만 실제로는 그렇지 않다. '출판물로 분류되는 매체'의 독자만 줄어든 것이다. 출판의 개념을 새로 정하고 출판물의 범주를 넓게 보면 독자의 수도 이전보다 훨씬 많을 수 있다.

현재 웹툰과 웹소설은 출판물로 분류되지 않는다. 운영 주체도 출판사가 아니라 기존 출판 산업과는 아무런 상관없이 운영되는 콘텐츠 기업이다. 웹소설을 즐기는 인구가 587만여 명에 이르고 전체 산업 규모가 1조 원을 넘겼다는 정부 첫 실태 조사 결과가 2023년 9월에 나왔다.[23] 종이책을 읽어야만 독자고 스마트폰으로 웹소설을 읽으면 독자가 아니라고 한다면 독자의 수가 줄어든 것이 맞지만, 독자라는 개념을 그렇게 복잡하게 설정할 이유가 없다. 한국의 독자는 이전보다 많이 읽는다. 폭발적인 성장세는 아닐지라도 '텍스트로 된 콘텐츠를 소비하는 사람'의 수는 분명 과거보다 크게 늘었을 것이다. 이런 점을 이해하지 않으면 책의 미래를 자꾸 오판하게 된다.

그렇다면 이 사람들을 다시 책 앞으로 불러올 수 있을까? 책처럼 소비하는 지식 및 정보 플랫폼을 모두 막거나 무력화시킬 현실적인 방법이 있을까? 명백하게 불가능하다. 그러면 어떻게 해야 할까? 출판 산업이 이 환경 변화에 따라 산업을 혁신하는 수밖에 없다. 과거 음반 산업의 사례를 보면 알 수 있다. 레코드판이나 테이프, CD 등을 만들어 판매하던 음반사의 업태도 출판처럼 제조업이었다. 1990년대 말 MP3가 등장하자 공룡과도 같던 음반사들은 대멸종에 가까운 재앙을 겪어야 했다. 하지만 이후 매니지먼트사가 그 역할을 대신하면서 대중음악 분야는 크게 도약했다. 비유하자면 빙하기 이후 주류종이 된 포유류처럼 저작권 산업으로의 진화 이후 한국의 대중음악은 범세계적인 영향력을 갖게 됐다. '양질전화'가 일어난 것이라고 볼 수 있다.

오늘날 출판 산업은 과거 음반 산업과 비슷한 기로에 서 있는 것으로 보인다. 과거의 음반 산업처럼 순식간에 주도권을 잃고 대체되어 버릴 운명을 피하려면 코페르니쿠스적 발상의 전환, 출판 산업에 대한 개념의 확장이 필요하다. 다시 말해 다음 세대의 출판은 책이라는 유형의 상품 제작에만 집중할 것이 아니라 책을 구성하는 핵심 요소, 즉 무형의 '지적 가치'들을 훨씬 다양한 형태로 상품화하고 원활하게 유통할 수 있는 구체적이고도 다양한 방법을 모색해야 한다.

서평가의 미래

서평가는 바로 이 문명사적 전환 시점에서 지금까지와는 다른 역할과 임무를 수행해야 할 것이다. 오늘날 산업 전반에 걸쳐 제조보다 유통이 훨씬 중요해진 것처럼 출판 산업 역시 기존의 제조업에서 일종의 엔터테인먼트 산업으로 진화를 요구받고 있다. 책이 팔리지 않는 것은 지식이나 정보가 필요 없어져서가 아니다. 대중이 무식해져서도 아니다. 나는 이 시대가, 스마트해진 우리의 문명이 책의 진화를 강력하게 요구하고 있다고 해석한다. 당대가 생산해 내는 최상위의 지적 가치는 앞으로도 계속 출판을 통해 집적되고 편집·정리되어 거래·유통될 것이다. 꼭 종이책 형태로 제조되지 않는다고 해도 말이다. 현대 사회 문명의 근간에서 사람과 사람 사이로 무수히 오가는 지적 가치를 평가·선별하는 것이 서평가의 역할이다. 이 역할은 문명이 사라지지 않는 한 계속될 것이다.

　서평은 진입 장벽이 높지 않다. 아니 아예 없다. 들어가는 말에서도 언급했지만, 서평은 책을 읽고 쓰는 글이니 일종의 독후감이다. 즉 누구라도 책을 읽으면 자동으로 쓸 권리가 생긴다. 다른 형식의 글을 쓴다면 따질 수 있겠지만, 서평을 놓고는 아무도 필자의 자격을 묻지 않는다. 이렇게 진입 장벽은 아예 없는 반면 획득할 수 있는 이익은 많다. 그 가운데 가장 큰 것이 지적 이미지이고, 서평을 씀으로서 획득할 수 있는 이미지는 굉장히 고급스럽다. 책을 통해 세상에서 일어나는 현상을 남보다 깊이 이해하는 인상을 줄 수도 있고, 남들이 미처 생각하기 어려운 지점을 찾아내는 지적 능력을 과시하기에도 서평만 한 것이 없다.

독서는 인간의 지성을 상징하는 행위다. 여기에 더해 읽은 책에 대해 글을 써서 남기는 일이라면 극도의 지적 행위라고 할 수 있지 않을까? 심지어 그 서평이 훌륭하다는 평가까지 받는다면 그 영향력은 예상보다 훨씬 클 것이다. 서평을 쓴다는 것은 어쩌면 문명사회에서 살아가는 인간이 할 수 있는 가장 지성적인 행동이 아닐까 싶다.

거대한 진화 앞에 선 출판

책을 읽지 않는 시대라고 한다. 하지만 아주 희한하게도 현대 사회에서 저술은 최고의 신뢰 자본으로 여겨지고 있다. 인구 5천만의 나라에서 연간 8만 종 가까운 신간이 쏟아지는 현상은 이와 무관하지 않다. 한정된 시장을 너무 잘게 쪼개 공략해야 할 테니 출판사 입장에서는 어려운 상황이지만, 그렇다고 출판사나 책이 조만간 다 사라질 거라는 예상은 완전히 틀렸다.

종이 신문이 하나도 팔리지 않아 신문사들이 모두

폐업한다고 가정해 보자. 신문사가 사라진다고 언론이 없어질까? 방송국이 모두 문을 닫는다고 미디어가 사라질까? 대멸종이 일어나거나 인간의 문명이 완전히 붕괴되어 원시시대로 되돌아간다면 모를까 그럴 일은 없다. 언론이나 미디어는 현대 문명의 근간이다. 지금까지는 신문사와 방송국이라는 시스템이 그것을 대표했지만, 시대가 언론과 미디어를 향해 시스템의 진화를 요구한다면 이를 수용하지 않을 도리가 없다. 출판도 마찬가지다. 인간이 당대에 생산해 낸 모든 지적가치가 문자와 언어로 변환되어 거래되고 기록으로 보존되어 후대에 전달되는 것이 문명사회에서 출판이 하는 역할인데, 이게 책이 사라졌다고 해서 같이 없어질 수 있을까? 언론·방송·출판 모두 마찬가지다. 문명을 구성하는 가장 중요한 요소는 사라질 수 없다. 이런 산업이 어려워졌다는 것은 그 산업이 시대로부터 근본적인 변화 혹은 차원의 도약 혹은 문명사적 차원의 진화를 요구받고 있다는 의미라고 생각한다. 출판사가 모두 문을 닫는다고 해도 그것은 출판이 사라진 것이 아니라 바로 그 시점부터 이전에 없던 전혀 새로운 형태의 출판 산업이 시작되었다는 의미일 것이다. 제조업으로서의 출판은 흥행 비즈니스 산업으로 변할 수도 있다. 미래의 책은 지금의 종이책·

전자책과 같은 형태가 아닐 수도 있다. 모든 형태의 지적 가치가 유통·보관되는 모든 곳에 아주 다양한 형태로 존재하게 되지 않을까 싶다.

인간의 뇌신경을 디지털화해서 타인의 뇌로 직접 전송하는 기술이 개발되어 상용화되었다고 가정해 보자. 말하자면 이건 텔레파시가 실제로 가능해진다는 것인데, 이렇게 된다고 해도 나는 출판이 산업으로서 여전히 존재할 것이라고 생각한다. 누군가는 어떤 지점에서 다른 이들보다 더 가치 있는 생각을 할 것이고, 누군가는 이 가치를 필요로 할 것이다. 출판은 바로 이 수요와 공급 사이에서 가치를 선별하고 평가하고, 거래가 이루어지도록 함으로써 존재할 것이기 때문이다. 다시 말해 전 인류 모든 구성원의 뇌세포가 완벽하게 동기화되지 않는 한, 인간이 전지전능해져서 신처럼 커뮤니케이션을 하지 않는 한, 앞으로도 정보와 지식이 거래되는 모든 상황에 출판은 개입할 수 있다. 저작권을 근간으로 개입 가능한 구체적인 거래 방법만 고안하면 된다.

책이 진화하면 서평가도 진화해야 한다

앞으로는 '객관적으로 그 가치를 인정받을 수 있을 만큼 정리되고 편집된 정보와 지식'을 '책'으로 여기게 될 것이라 생각한다. '책'이 아닌 다른 명칭을 지어 부를 수도 있을 것이다. 다만 그것은 수천 년 전 인류가 문자를 발명하고 그것으로 지식을 보관하기 시작한 이후부터 지금까지, 책이라는 물건이 보유했던 핵심의 기능과 가치를 고스란히 계승한 그 무엇일 것임이 분명하다.

어느 날 종이책이 모두 사라지고 전자책이라는 디지털 데이터만 남았다고 가정하자. 그렇다고 해서 세상에서 책이 사라졌다고 할 수 있나? 전자책이 종이책의 역할을 대체했을 뿐이다. 어쩌면 필사본 시절을 지나 인쇄기가 발명되어 복제가 혁명적으로 수월해졌던 시절에도 책을 만들던 산업 시스템은 지금처럼 큰 혼란에 빠졌을지 모른다. '사람이 직접 손으로 옮겨 쓴 필사본이 아니면 책이 아니다'라며, 책의 종말을 선언한 사람도 그 시절에 있지 않았을까 싶다.

오늘날 책의 형태를 디지털로 구현한 전자책도 빠르게 해체되고 있다. 요즘 전자책으로 된 그림책에선 그림이 움직이고 소리가 난다. 앞으로는 냄새를 맡으며 책을 볼 수 있을지도 모른다. VR기술이 상용화되면 전자책 속으로 들어가 움직이거나 게임처럼 책을 경험할 수도 있을 것이다. 기술적으로는 이미 가능한 일이다. 경제성의 문제만 남아 있다. 가장 진화된 형태로 구현된 그림 전자책의 경우 애니메이션에 거의 근접해 있다. AI 기술 등을 통해 경제성을 갖춘다면 조만간 그림 전자책과 애니메이션 영화의 경계는 사라질 것이다. 이것을 두고 그림책 출판이 사라진 것이라 볼 수도 있겠지만, 그림책 출판이 애니메이션 영화와 융합했다고 볼 수도 있다.

얼핏 가늠해 봐도 지금은 책의 혁명기다. 출판의 오래된 패러다임을 벗어나 새로운 패러다임을 구상해야 할 때일지도 모른다. 순식간에 오랜 경계가 사라지고 새로운 경계가 만들어지기도 하는 지금 같은 때는 자신을 무엇으로 규정할 것인지를 스스로 결정하는 것이 중요하다. 이전에 없던 무엇으로 스스로를 규정하면 그것이 곧 길이 될 수도 있다. 그렇다면 이런 책의 혁명기에 서평가의 운명은 어떻게 될까?

책의 형태가 완전히 바뀌어도 출판 산업의 근간이 달라져도, 출판은 여전히 존재할 것이고, 그렇다면 오히려 이런 변화 속에서 서평가의 사회적 역할이나 영향력은 더욱 커지리라고 예상한다. '도대체 이 많은 것 중에

뭘 읽고 뭘 알아야 하지?' 사람들의 이런 질문에 대답할 수 있는 존재들이 바로 서평가이기 때문이다.

어떻게 진화할 것인가

책이라는 형태로 출간되었다는 것은 이미 여러 사람의 검증을 거쳤음을 의미한다. 책은 저자는 물론 출판 기획자·편집자·마케터·서점 엠디와 독자에 이르기까지 의외로 많은 사람의 손을 거친다. 나아가 긴 세월 동안 수많은 독자가 세대를 바꿔 가며 좋은 책이라고 인정한 것이 바로 '고전'이다. 필터링이라는 관점에서 보면 고전은 경이로울 만큼 섬세한 검증의 과정을 거친 책인 셈이다. 이런 지적 가치는 인류의 공공재다. 그래서 사후 일정한 시간이 지나면 '퍼블릭 도메인'public domain, 즉 창작자의 저작권이 소멸되도록 했다.

하지만 이렇게 오랜 세월동안 많은 사람에 의해 검증된 고전이라 할지라도 영원하진 않다. 사실 영원하도록 내버려 두지 않아야 옳다. 고전도 시대에 따라 계속 다시 검토되어야 한다. 지금까지는 고전으로 인정받았지만, 더 이상 남겨둘 가치가 없다고 판단되면 그 고전은 고전으로서의 지위를 잃을 수도 있다. 누가 어떻게 이런 일을 할 수 있나? 서평가가 책을 검토하고 문제를 제기하고 당대의 다수 독자가 해당 책이 고전으로서 가치가 없어졌다고 판단하면 된다. 자연스럽게 고전 추천 목록에서 사라질 것이다.

가령 '삼국지에 등장하는 인물들 간의 관계는 대체로 수직적이고 봉건적이다. 그에 비해 수호지의 인간관계는 수평적이고 민주적이다. 나보다 더 높은 자를 위해 죽는 것을 멋지게 표현하는 책을 자녀들에게 권하고 싶은가?' 논쟁거리가 될 만하지만, 어느 서평가가 이렇게 이야기하기 시작하고, 대중이 이에 호응해 더 이상 다음 세대에 삼국지를 권하지 않게 되면, 언젠가는 삼국지도 고전으로서의 지위를 잃을 지도 모른다.

반대로 서평이 오래된 책을 다시 평가해서 수백 년이 지나 고전의 반열에 오른 작품도 있다. 오늘날 영국 문학을 대표하는 시인 존 던John Donne(1572~1631)은 그다지 유명했던 작가가 아니다. 기라성 같은 문인이 즐비한 영국문학사에서 그는 오랫동안 큰 주목을 받지 못했다. 그가 재평가 된 것은 20세기에 들어서다. T. S. 엘리엇은 세상을 떠난 지 300년도 넘은 존 던을 불러내 "사상을 직접적이고 감각적으로 이해하며, 사상을 감정으로 녹여내는" 시인으로 소개했다. 극찬의 서평을 남긴 것이다. 이후 존 던의 시는 셰익스피어의 작품과 어깨를 나란히 한다. 서평의 역할이 얼마나 커질 수 있는지를 보여 주는 매우 흥미로운 사례다. 때론 서평이 역사를 새로 쓰기도 하는 것이다. 엄청난 문화적 위력이다.

우리가 발딛고 사는 세상은 날이 갈수록 더 많은 정보와 더 깊은 지식을 요구한다. 정보와 지식을 선별하는 서평가의 역할과 위력이 더 커지지 않을 도리가 없다.

당신이 어떤 사람이든 상관없다. 일단 서평가가 되어 보라. 되기 어렵지 않다. 책을 읽기만 했던 것에서 딱 한 발자국 더 나아가 책에 대해 쓰기만 하면 된다. 공공성에 대한 인식만 잘 갖추고 있다면, 서평가가 되는 것은 어이없을 정도로 쉽다. 마음만 먹으면 세상의 모든 최상위 지식 생산자와 소비자 사이에 서 있게 된다. 이 지점에서 우리는 세상을 가장 먼저 그리고 가장 정확하게 읽을 수 있다. 어쩌면 이것으로 세상을 움직일 수 있는 힘을 가지게 될 수도 있다. 서평은 의외로 힘이 세다.

서평가가 되기를 권함

서평을 쓰다 보면 소위 성덕(성공한 덕후)이 되는 경우가 종종 생긴다. 애정하는 작가와 비교적 쉽게 만날 수 있고, 그 만남을 계기로 이후 각별한 우정을 나눌 수 있기 때문이다. 서평가의 특권이라고도 할 수 있겠다.

정지우 작가와는 2016년에 처음 만났다. 한 해 전 겨울에 출간된 그의 에세이 『당신의 여행에게 묻습니다』[24]를 읽고 당시 진행하던 『TV책방 북소리』(TBS) 게스트로 그를 초청했다. 인터뷰 형식의 방송이었고 녹화하는 서너 시간 동안 많은 이야기를 나누었는데, 글과 사람이 너무 똑같아서 놀라웠다. 깊고 뜨거우면서 어떻게 저렇게 투명하고 맑을 수 있을까 싶었다. 그만큼 순수하기 때문일 거란 생각이 들었다. 첫 만남 이후 그의 행보에 관심을 가지고 계속 지켜보았다. 그의 전작도 모두 찾아 읽었다. 그러다 한동안 소식이 뜸한가 싶더니 놀라운 소식이 들려왔다. 그가 변호사가 되었다고 했다. 그리고 얼마 후 뜻밖의 장소에서 그를 만났다.

그처럼 변호사 겸 작가로 활동하는 정재민 작가를 통해서였다. 정재민 작가와도 그가 판사 시절 소설 『보헤미안 랩소디』[25]를 써서 세계문학상을 수상한 뒤 내가 진행하던 방송 프로그램에 출연한 것을 계기로 친분을 이어 오고 있다. 그는 "사는 듯 사는 삶"을 위해 판사직을 내려놓은 뒤 법무부에서 법무심의관으로 일하다가 2021년 '사회적 공존을 위한 1인 가구 태스크포스'(사공일가 TF) 프로젝트를 진행했다. 그러던 어느 날 갑자기 나에게 전화를 걸어 TF 팀을 꾸리는 데 도움을 달라고 요청했다. 나는 팀 전체 인원의 절반가량을 추천하면서 정지우 작가도 추천인 명단에 올렸다. 그러자 그가 웃으며 정지우 씨는 이미 와 있다고 말해 주었다.

며칠 후 열린 사공일가 TF 팀 회의실에서 정지우 작가를 다시 만났다. 그는 법무부 법무심의관실 소속으로 일하고 있다고 했다. 당시 그 자리에는 다른 젊은 변호사도 여럿 있었는데, 그들에게 말해 주었다.

"당신들의 동료인 이 정찬우 변호사가 바로 정지우라는 필명을 쓰는 작가다. 출판평론가로서 말하는데 정지우는 '당대의 문장가'다. 그의 문체는 우리 시대를 상징한다. 분명 당신들의 자녀는 정지우 작가를 교과서에서 만나게 될 거다. 그러니 지금 책에 사인을 받고 나중에 '엄마 아빠가 젊은 시절에 정지우 작가랑 같이 일했다'고 자랑하시라."

내가 약장수처럼 떠드는 동안 곁에서 어찌할 바를

모르던 정지우 작가의 순진한 얼굴이 아직도 떠오른다. 그해 말 그는 『우리는 글쓰기를 너무 심각하게 생각하지』를 펴내며 책에 들어갈 추천사를 나에게 청했다. 그때 추천사를 이렇게 썼다.

> 정지우의 문장은 묘하다. 늘 낮고 부드러운 목소리지만, 읽는 이의 심장을 움켜잡는 악력은 가공할 정도다. 정지우는 이 책에서 '글 쓰는 몸'에 대해 이야기한다. 글쓰기에 관한 책이지만, 그는 글을 쓰는 노-하우know-how에 대해선 그다지 집중하지 않는다. 대신 '글을 쓰는 노-와이know-why'에 대해 이야기한다. '왜'에 관한 고민 없이 '어떻게'에만 집착해 온 습관이, 글을 쓰는 우리의 태도에도 고스란히 반영되었음을 깨닫게 한다. 여타의 글쓰기 책들과 이 책이 확실히 구분되는 지점이다. '글 쓰는 당신은 더 이상 외롭지 않고 병들지 않을 것이다'라는 정지우의 말을, 나는 망설임 없이 믿는다.[26]

정지우 작가는 2024년 8월 『돈 말고 무엇을 갖고 있는가』[27]라는 에세이집을 펴냈다. 이 책의 후반부에는 정지우 작가가 만난 사람들과의 인터뷰가 실려 있다. 총

6명의 인터뷰이가 등장하는데, 이중에 나도 들어가 있다. 정지우 작가의 과분한 평가 때문에 부끄럽지만, 한편으론 나를 보는 이런 시선에 책임질 수 있도록 앞으로 더 잘 살아야겠다는 생각이 든다. 누군가에게 내가 격려를 해 준 적은 있지만, 누군가의 격려를 받아 본 적은 별로 없어서 지금껏 잘 몰랐다. 지지와 격려가 이렇게 큰 힘이 된다는 것을 말이다. 내가 서평의 형식으로 던진 격려가 저자들에게 어떤 효과가 있었을지, 나를 향한 정지우의 격려를 통해 나는 처음으로 짐작할 수 있었다. 새삼 서평가가 되길 참 잘했다는 생각이 들었다. 6명의 인터뷰이 중엔 법무심의관으로 우릴 다시 만나게 해 준 변호사 겸 작가 정재민도 있다. 비록 몇 달간의 짧은 만남이었지만 우린 서로에게 좋은 영향을 주며, 각자의 인생 속에서 오랫동안 반짝거릴 순간을 만든 것이 아닐까 싶었다.

　서평가가 되면 좋은 점이 뭐냐고? 바로 이런 장면들이라고 생각한다. 서평은 시대를 이끌어 가는 당대의 존재를 찾아낼 수 있는 가장 좋은 수단이다. 나아가 그렇게 찾은 의미 있는 인물을 '당대의 인물'로 만들어 낼 때도 강력한 수단이 된다. 역사에 기여하고 싶다면 서평가가 되어 보는 것도 좋을 것이다. 내가 알기론 이게 가장 쉽고도 유력한 방법이다.

주

1 김성신·남정미, 『북톡카톡』(나무발전소, 2015)
2 오찬호, 『우리는 차별에 찬성합니다』(개마고원, 2013)
3 「남정미·김성신의 북톡카톡: 우리는 차별에 찬성합니다 "들어 봤나? 수시충·지균충: 괴물 같은 20대 '웃픈' 현실"」 『스포츠경향』 2014년 2월 13일 자
4 「지루했던 책, '북톡카톡'으로 쉽게 읽어 보자」 『Korea IT Times』 2015년 10월 13일 자
5 유재덕, 『독서 주방』(나무발전소, 2019)
6 마크 쿨란스키·탈리아 쿨란스키, 『마크 쿨란스키의 더 레시피』(한채원 옮김, 라의눈, 2015)
7 「일사일언: '알 덴테' 라면」 『조선일보』 2020년 5월 18일 자
8 유재덕, 『독서 주방』(나무발전소, 2019)
9 천지수, 『책 읽는 아틀리에』(천년의상상, 2021)
10 앞의 책
11 앞의 책
12 김주성, 『한국이 낯설어질 때 서점에 갑니다』(어크로스, 2019)
13 「탈북작가 김주성 씨 "난 진보도 보수도 아닌 삼겹살 편"」 『한겨레』 2020년 1월 18일 자
14 매트 타이비, 『가난은 어떻게 죄가 되는가』(이순희 옮김, 열린책들, 2015)
15 「남과 북이 따로 없는 '돈 많은 빈자'들」 『스포츠경향』 2015년 9월 20일 자
16 김주성, 『한국이 낯설어질 때 서점에 갑니다』(어크로스, 2019)
17 「내 책을 말한다: 한국이 낯설어질 때 서점에 갑니다」 『조선일보』 2019년 11월 30일 자
18 「탈북 작가 김주성 씨 "난 진보도 보수도 아닌 삼겹살 편"」 『한겨레』 2020년 1월 18일 자
19 박신영, 『백마 탄 왕자들은 왜 그렇게 떠돌아다닐까』(바틀비, 2019)

20 「외로운 정미소의 왕자님과 서양사 바로세우기」『기획회의』통권 421호(2016)

박균호, 『독서만담』(북바이북, 2017)
21 김무권, 『종이책 읽기를 권함』(더숲, 2011)
22 매리언 울프, 『다시, 책으로』(전병근 옮김, 어크로스, 2019)
23 「2022년 웹소설 분야산업 현황 실태조사」(한국출판문화산업진흥원, 2023)
24 정지우, 『당신의 여행에게 묻습니다』(우연의바다, 2015)
25 정재민, 『보헤미안 랩소디』(나무옆의자, 2014)
26 정지우, 『우리는 글쓰기를 너무 심각하게 생각하지』(문예출판사, 2021)
27 정지우, 『돈 말고 무엇을 갖고 있는가』(마름모, 2024)

서평가 되는 법
: 읽고 쓰는 사람으로 책 세계를 만끽하기 위하여

2025년 4월 24일   초판 1쇄 발행
2025년 7월 24일   초판 2쇄 발행

지은이
김성신

펴낸이	**펴낸곳**	**등록**
조성웅	도서출판 유유	제406-2010-000032호(2010년 4월 2일)

주소
경기도 파주시 돌곶이길 180-38, 2층 (우편번호 10881)

전화	**팩스**	**홈페이지**	**전자우편**
031-946-6869	0303-3444-4645	uupress.co.kr	uupress@gmail.com

	페이스북	**트위터**	**인스타그램**
	facebook.com /uupress	twitter.com /uu_press	instagram.com /uupress

편집	**디자인**	**조판**	**마케팅**
사공영	이기준	정은정	전민영

제작	**인쇄**	**제책**	**물류**
제이오	(주)민언프린텍	라정문화사	책과일터

ISBN 979-11-6770-120-6 04800
   979-11-85152-36-3 (세트)

서평 쓰는 법
독서의 완성
이원석 지음

서평은 독서의 완성이다. 하지만 아직까지 우리는 서평의 본질에 대한 이해조차 부족하다. 흔히들 책의 요약이나 독후감을 서평으로 이해하지만 서평은 책의 요약이 아니다. 요약은 서평의 전제로서 고급 독자는 서평으로 자기 생각을 내놓는다. 또한 원칙적으로 모든 저자는 서평 쓰기로부터 집필을 시작한다. 그렇다면 서평은 모든 글쓰기의 시작이라고 볼 수 있다. 이 책은 그 시작을 본질부터 차근차근 설명한 안내서다.

책 먹는 법
든든한 내면을 만드는 독서 레시피
김이경 지음

저자, 번역자, 편집자, 논술 교사, 독서 모임 강사 등 텍스트와 관련한 여러 가지 일을 오래도록 섭렵하면서 단련된 독서가 저자 김이경이 텍스트 읽는 법을 총망라하였다. 읽기 시작하는 법, 질문하면서 읽는 법, 있는 그대로 읽는 법, 다독법, 정독법, 여럿이 함께 읽는 법, 어려운 책 읽는 법, 쓰면서 읽는 법, 소리 내어 읽는 법, 아이와 함께 읽는 법, 문학 읽는 법, 고전 읽는 법 등 여러 가지 상황과 처지에 맞게 책을 접하는 방법을 자신의 인생 갈피갈피에서 겪은 체험과 함께 소개한다.

사람과 책을 잇는 여행
어느 경계인의 책방 답사로 중국 읽기
박현숙 지음

지금 중국은 바야흐로 '서점의 시대'. 천편일률적인 국영 서점 대신 저마다의 개성을 지닌 서점이 하나둘 문을 열더니 이제는 중국 전역에 특색 있는 서점이 생겨나고 있다. 『사람과 책을 잇는 여행』은 서점의 시대가 된 중국에서 오랫동안 품어 왔던 자신의 열망과 소망을 이루고자 서점을 연 사람과 서점의 이야기를 담은 책이다. 『오마이뉴스』, 『한겨레21』, MBC라디오 등 다양한 매체의 중국 통신원으로 활약하며 새로운 시선으로 지금의 중국을 읽고 전하는 저자 박현숙이 중국 서점으로 다른 사람을 만나고 다른 세계를 읽어 낸다. '독서란 곧 사람과 세상을 읽어 내는 일' 저자 역시 중국 서점 여행을 시작하며 그곳에서 만난 사람과 책을 통해 중국을 새롭게 바라보고, 중국에 대한 좁은 인식에서 해방되는 경험을 한다.

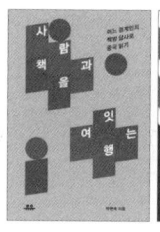 

책으로 비즈니스
나의 삶과 일을 성장시키는 도구로서의 책
앨리슨 존스 지음, 김민희 옮김

비즈니스에 성공한 다음 책을 쓰는 게 아니라 책을 써서 비즈니스를 성공시킬 수 있다면? 성공적 비즈니스의 시작을 이끄는 도구로서의 책을 활용하는 방법을 안내하는 매뉴얼. 비즈니스 아이디어를 구현하고 타깃 소비자를 찾는 등, 책을 이용해 비즈니스를 설계하는 방법을 소상히 담았다. 창업 뿐만 아니라 자기 브랜딩, 커리어 확장 등 여러 방식으로 자기 성장을 꾀하고 수익 가능성을 모색하는 사람이라면 이 책이 필요하다.